Nadine Stegelmeier

Rauhnächte

Die schönsten Rituale

In liebevoller Dankbarkeit für H., E. und R.

Nadine Stegelmeier

Rauhnächte

Die schönsten Rituale

camino.

1. Auflage 2018

Ein camino.-Buch aus der

Gesamtgestaltung: Finken & Bumiller, Stuttgart
Umschlagmotiv: © Nadine Stegelmeier
Foto Rückseite: © Nadine Stegelmeier
Druck und Bindung: Druckerei C. H. Beck, Bergstraße 3, 86720 Nördlingen
Verlag: Verlag Katholisches Bibelwerk GmbH, Silberburgstraße 121, 70176 Stuttgart

www.caminobuch.de
ISBN 978-3-96157-027-0

Inhalt

Der Abend kommt von weit gegangen
durch den verschneiten, leisen Tann.
Dann presst er seine Winterwangen
an alle Fenster lauschend an.

Und stille wird ein jedes Haus;
die Alten in den Sesseln sinnen,
die Mütter sind wie Königinnen,
die Kinder wollen nicht beginnen
mit ihrem Spiel. Die Mägde spinnen
nicht mehr. Der Abend horcht nach innen,
und innen horchen sie hinaus.

RAINER MARIA RILKE

4

Bräuche im Wandel der Zeit

»Die Vergangenheit ist unsere Wiege,
nicht unser Gefängnis.
Sie dient nicht der Imitation,
sondern der Inspiration.
Nicht wiederholen sollen wir sie,
sondern fortsetzen.«
ISRAEL ZANGWILL

HINFÜHRUNG

Mögen die Zeiten auch spürbar lauter und schnelllebiger geworden sein, wenn man genau hinsieht und hinhorcht, manchmal auch in sich selbst hinein, ist in unserem Alltag und im Jahreslauf noch sehr viel Magie und Geheimnisvolles aus alten Tagen verborgen, das uns immer wieder berührt. Wenngleich viele Bräuche oder das Wissen um manch alte Mythen fast gänzlich aus unserem Leben verschwunden sind, gibt es dennoch manche Worte, die, selbst wenn keine näheren Verknüpfungen mehr mit ihnen verbunden sind, in uns etwas zum Klingen bringen und uns zum Nachsinnen anregen. Ähnlich einer vertrauten Melodie, die uns an glückliche Kindheitserinnerungen zurückdenken lässt.

»Rauhnächte« ist eines dieser Worte ... hört man bei seinem Klang nicht unmerklich ein Flüstern im uralten Gebälk, ein Knarzen auf abgetretenen Dielenbrettern, und sieht man nicht vor seinem inneren Auge eine verschneite Winterlandschaft mit schemenhaften Gestalten vor Nebelschwaden?

In dieser Zeit »zwischen den Jahren«, in der die Nächte länger als die Tage sind und die Natur sich gänzlich zurückgezogen hat, zieht sich auch der

Mensch verstärkt zurück in sein schützendes Heim. Denn draußen lauern noch immer die Schatten vergangener Erinnerungen und die alten Sagen und Mythen werden wieder lebendig und greifbar. Eine unheimliche Zeit, die aber zugleich auch eine heilsame und heilige Zeit ist. Wenn die Nacht am dunkelsten ist, wird das Licht wiedergeboren und gewinnt mehr und mehr an Kraft. So vereint die Zeit der Rauhnächte also seit jeher diese Gegensatzpaare in sich: Dunkelheit und Helligkeit – Vergehen und Entstehen – Furcht und Freude. Diese Gegensätze spiegeln sich auch in den alten Mythen wider. Stets sind neben den Lichtwesen, gleichbedeutend mit Hoffnung und Glauben, auch die dunklen Gestalten der Mythenwelt der Rauhnächte präsent. Oftmals gelingt dem Dämonischen sogar der Zutritt in das eigene Haus und verschiedene Schutzzauber und Amulette sind nötig, um den Zugriff des Bösen abzuwehren. Genauso oft finden sich aber auch Geschichten voller Hoffnung, die zuversichtlich in das neue Jahr blicken lassen.

Noch vor wenigen Generationen, in den vorangegangenen Jahrhunderten, markierte die Rauhnachtszeit für die Menschen einen der Höhepunkte des Traditionsjahres. Die früh einkehrende Dunkelheit und die langen Abende bei Kerzenschein boten reichlich Gelegenheit, sich im Kreise der Familie Geschichten zu erzählen, vergangenen Sagen und Erzählungen zu lauschen, mit den Ahnen in Kontakt zu treten und einen Blick in die Zukunft zu werfen, um die Weichen für das anstehende Jahr neu auszurichten.

In unserer heutigen, dauerhaft von künstlichem Licht erhellten Zeit, die im wahrsten Sinne des Wortes voller Blendwerk ist, vergessen wir nur allzu oft, dass auch die Schatten und die düsteren Seiten zu unserer Existenz gehören. Aus dem Wechselspiel des Schattens mit dem Licht entsteht ja erst die Vielschichtigkeit des Lebens. Lassen wir also diese Zeit der Gegensätze auch auf uns wirken und neue Erkenntnisse daraus gewinnen. Unsere Wahrnehmung wird in der Dunkelheit verstärkt und eine Zeit des Erkennens und der Wandlung kann beginnen. Auf diese Weise kann der Grundstein für positive Veränderungen im neuen Jahr gelegt werden, ganz wie damals in den alten Zeiten.

Gern möchte ich Sie einladen, mich auf diesem leisen Eintauchen in die Vergangenheit zu begleiten. Wir wollen gemeinsam den rauen Wesen und wilden Geschöpfen der Dunkelheit begegnen, alten, noch immer bekannten oder längst vergessenen Bräuchen nachspüren – weit zurück bis in die Zeit unserer Urahnen. Wir entdecken im Alltag leicht zu praktizierende Rituale, lassen den uralten Brauch des Räucherns aufleben und erfahren, warum für unsere Ahnen dieser Brauchtumsschatz eine so große Bedeutung hatte.

Schritt für Schritt ergibt sich ein ganz persönlicher Begleiter durch die einzelnen Rauhnächte, voller Sagen, Märchen und individueller Anregungen, untermalt mit liebevollen Bildern. Allerdings beschäftigt sich unsere nostalgische Reise nicht nur mit der Vergangenheit, sondern sie möchte uns auch aufzeigen, wie Rituale und Brauchtümer die unmittelbare Gegenwart, unser jetziges Leben und unseren gelebten Glauben bereichern können. Dem alten Volksglauben und dem ländlichen Brauchtum wird bei diesen Betrachtungen durchweg eine wichtige Rolle zukommen. In gewisser Weise will dieses Buch dabei helfen, die Sprache der alten Bräuche wieder verstehen zu lernen, sie in unsere moderne Welt einfließen zu lassen und das alte Wissen auch in unseren hektischen Tagen zu bewahren und zu nutzen. Dabei verbindet sich das Alte mit dem Neuen, fließt ineinander, gleichsam dem steten Wechselspiel zwischen Licht und Schatten.

DAS BRAUCHTUM UNSERER AHNEN

Die Kontraste zwischen Licht und Schatten, Helligkeit und Dunkelheit, Gut und Böse berührten immer schon das Leben unserer Ahnen. Ihre Alltagserfahrungen waren geprägt vom Wandel der Natur durch die Jahreszeiten, vom Sonnenstand und von den Witterungen. Aus dieser engen Bindung allen Lebens an die Natur erwuchs ein geschärfter Blick für die umgebende Lebenswelt und eine sensible Wahrnehmung für die unterschiedlichen Phänomene des Universums.

DAS WELTBILD UND DER GLAUBE UNSERER URAHNEN

Bereits die alten Kulturen beobachteten die Gestirne und deren Verlauf. Sie gestalteten mit Hilfe dieser Erkenntnisse ihr Alltagsleben und ihre Feierlichkeiten. So hat die Zeit um die Wintersonnwende die Menschen schon immer beschäftigt und bewegt und viele alte Sagen, Bräuche und Rituale entstehen lassen.

Schon tief in vorchristlicher Zeit, als im europäischen Raum zwei große Kulturen, die der Germanen und die der Kelten, eine Rolle spielten, waren die Tage der Sonnwenden die bedeutsamsten des gesamten Jahreslaufes. Seit jeher feierte man in der dunkelsten Zeit des Jahres, wenn im Zuge der Wintersonnwende der kürzeste Tag und die längste Nacht überwunden waren, die Wiedergeburt der Sonne und die Rückkehr des Lichtes auf die Erde.

Unsere heutige Kultur ist stark geprägt vom christlichen Glauben und dessen Feierlichkeiten und Festtagen. Das ist allerdings erst seit knapp 1500 Jahren der Fall. So begann im ausgehenden Frühmittelalter die Christianisierung der Völker und Stämme Mitteleuropas. Jedoch schon viele hundert Jahre vor diesen Geschehnissen, etwa seit der jüngeren Bronzezeit, verfügten die Kelten und Germanen bereits über ausgeprägte Glaubensvorstellungen, einen großen Götterreichtum und viele dazugehörige Feierrituale.

Da es nur sehr wenige Originalquellen und schriftliche Überlieferungen aus dieser Zeit gibt, ist es schwierig, exakte Aussagen über den Glauben unse-

rer Vorfahren und deren Lebenswelt zu treffen. Unser bestehendes Wissen beruft sich meist auf Außendarstellungen antiker Autoren, vor allem römischer Schriftsteller, welche mit unserem heutigen Wissensstand nicht immer als bedingungslos glaubwürdig angesehen werden dürfen. Andere Aufzeichnungen basieren auf mündlichen Überlieferungen aus der Zeit der Christianisierung, wurden allerdings erst zu späterer Zeit verschriftlicht. Ein umfassender polytheistischer Glaube mit vielen Kultriten lässt sich durch archäologische Quellen vermuten. Das sind zum Beispiel ausgegrabene Kultorte, wie Opferplätze oder Tempelbauten, sowie diverse Kultobjekte, Amulette, Schmuck- oder Schnitzarbeiten.

Zweifelsfrei erwiesen ist jedoch, dass sowohl Germanen als auch Kelten viele Götter, welchen jeweils ausführliche und differenzierte Merkmale und Aufgaben zugeschrieben waren, verehrten und eine ausgeprägte Vorstellung ihrer unmittelbaren Lebenswelt, der Unterwelt und der Jenseitswelt hatten.

Hinweise auf praktiziertes Brauchtum finden wir vor allem in Gesetzen, die ihren Ursprung während der Christianisierung hatten und sich gegen bestimmte alte Bräuche und Rituale richteten. Ein Beispiel lässt sich aus einem Erlass Karls des Großen von 782 anführen, welcher festlegte: »*Wer Gelübde nach heidnischem Brauch an Quellen, Bäumen oder Hainen darbringt oder nach heidnischem Brauch opfert und ein Gemeinschaftsmahl zu Ehren der*

Götzen veranstaltet, zahlt als Edeling (Anm. als Edler) 60*, als Friling* (Anm. als Freier) 30*, als Late* (Anm. als Halbfreier) 15 *sol. Und wenn er das Geld nicht hat, soll er es im Dienste der Kirche abarbeiten.«*

Daraus lässt sich entnehmen, dass Quellen, Haine und Bäume bei den Germanen offenbar als Kultplätze eine wichtige Rolle spielten und dass Festmahle und Opferungen zu Ehren der vielschichtigen Götterwelt abgehalten wurden. Als charakteristischer Unterschied zu unserem heutigen Glauben, dem relativ jungen Christentum, wird bereits aus diesen wenigen Zeilen deutlich, dass für unsere Ahnen die Natur eine sehr bedeutsame Rolle bei der Ausübung ihres Glaubens und ihrer Rituale gespielt haben muss. Die Natur war nicht einfach nur von Gott geschaffen, sondern diente als Platz, um mit den Göttern selbst in Kontakt zu treten. Sie hatte ihre eigenen Funktionen, eine eigenständige Bedeutung und eine ureigene Kraft.

So war ein Baum nicht nur eine einzelne Pflanze, sondern ein von einem Geist beseeltes Wesen, welcher in Vereinigung mit anderen Bäumen in einem Hain zu einem mächtigen Kraftort wachsen konnte.

Eine Quelle war nicht nur Wasserspender, sondern ein kraftvoller, oft von einem Gott bewohnter Ort, an dem man mit der ganzen überirdischen Welt in Verbindung treten konnte. Meteorologische Erscheinungen wie Wind, Gewitter oder Regen waren keine Launen der Natur, sondern hingen unmittelbar mit dem Wirken oder den Gemütslagen der Götter zusammen. Sie wurden von den Menschen als Kontaktzeichen der Götter- zur Menschenwelt gewertet.

Und auch die Gestirne, allen voran Sonne und Mond, waren mächtige Wesenheiten, über deren Verlauf man ausführlich Bescheid wusste und deren Auftreten untrennbar miteinander in einem größeren Gesamtzusammenhang stand.

In unserer heutigen, weitestgehend entzauberten Zeit mag man diesen Vorstellungen mit einiger Skepsis entgegentreten. Betrachtet man die alten Überlieferungen allerdings mit etwas Feingefühl, wird schnell deutlich, dass es sich nicht nur um einen sinnlosen Aberglauben handelt. Vielmehr ging es um das Empfinden, eine Einheit mit der Natur und allen damit verbundenen Erscheinungen darzustellen und im Einklang mit den geheimnisvollen Kräften der Natur zu stehen. Unmittelbar mit dieser Erkenntnis verbunden war jedoch die Akzeptanz, dass man nicht alles verstehen oder gar beherrschen, aber mit dem nötigen Glauben stets für sich zum Guten wenden konnte.

Diese Gedankengänge liegen allen Bräuchen und Ritualen zu Grunde und sollten auch von uns in ihren Grundzügen nachempfunden werden können, wenn wir uns mit dem alten Brauchtumsschatz befassen.

Es sollte uns nicht darum gehen, einen Glauben zu verurteilen oder als unsinnig darzustellen. Vielmehr muss es von Bedeutung sein, das Bewusstsein wiederzuerlangen, dass alle alten Bräuche, welcher Religion oder welchem Kulturkreis sie auch entspringen mögen, tiefe Wurzeln haben. Diese Wurzeln verbinden uns immer mit der Natur, mit dem Unerklärlichen und mit unserer eigenen Vergangenheit. Es geht weniger darum, alles mit Kopf und Verstand nachvollziehen zu können, sondern vielmehr um ein Einlassen auf das Mythische und Spirituelle, das tief aus unserer Seele entspringt und uns alle mit unseren Ahnen und Urahnen verbindet. Vielleicht beruht das wiedererwachende Interesse an alten Bräuchen und Ritualen auf dem unbewussten Sehnen nach dem alten Wissen und Empfinden, von dem uns viel in unserer modernen Zeit verlorengegangen ist.

ALTES WISSEN, ALTE BRÄUCHE, ALTE FEIERLICHKEITEN

Die meisten unserer heutigen christlichen Feste sind datumsbezogen fast deckungsgleich mit den großen heidnischen Festen der Germanen und Kelten. Dies ist ein Überbleibsel aus der Zeit der Christianisierung, in welcher die Missionare den Menschen den »Übertritt« durch bereits Bekanntes und Vertrautes erleichtern wollten. Sie knüpften an altbekannte Festtage an, teilweise wurden gar die Grundgedanken beibehalten und nur der Name des entsprechenden Festtages geändert. Es erfolgte also vielmehr eine Uminterpretation der alten Feste als eine komplette Neuerfindung. Zeugen davon können wir auch noch in unserer heutigen Zeit finden. So sind zum Beispiel der Baum zu Weihnachten, Hase und Ei zu Ostern oder Verkleidungen zu Fasnacht nur stimmig zu erklären, wenn man sich dabei auf die heidnischen Rituale und Symbolik beruft.

Auf eindrückliche Weise lässt sich anhand der keltischen Feste im Jahreskreis nachverfolgen, wie sehr diese in unseren heutigen christlichen Feiertagen immer noch spürbar sind.

Die Unterteilung des Sonnenjahres erfolgte in acht »Hochfeste« und begann mit »Samhain«, welches in die Nacht vom 31. Oktober auf den 1. Novem-

Christians
brunnen
1841

ber fiel. »Samhain« stand gleichbedeutend für das keltische Neujahrsfest und war zugleich die Schwelle zur dunklen Jahreszeit. »Samhain« galt auch als einer der Zeitpunkte im Jahr, an dem die Tore »der anderen Welt« geöffnet waren und man mit deren Wesen in Kontakt treten konnte. Besonders wurde an diesem Festtag den Ahnen gedacht. Für sie wurde ein Platz an der Tafel mitgedeckt und sie waren eingeladen, einmal im Jahr am Mahl der Lebenden teilzuhaben.

Es herrschte aber nicht nur besinnliche Eintracht, auch böse Geister trieben in dieser Nacht ihr Unwesen. Aus diesen Gedanken entstand der Brauch, vor die Häuser ausgehöhlte und mit einer Kerze bestückte Rüben oder Kürbisse zu stellen. Schauerliche Fratzen waren in sie geschnitzt, um ungebetene, übernatürliche Gäste abzuschrecken. Dieser Brauch ist auch heutzutage noch weit verbreitet. Wir finden ihn gehäuft an »Halloween« vor, einer Feierlichkeit, die ursprünglich von irischen Einwanderern in den USA als Pflege ihrer Traditionen und als Andenken an »Samhain« gefeiert wurde und seit den 1990er Jahren zunehmend auch in Europa bekannt wird. Das Christentum legte die beiden Feiertage Allerheiligen und Allerseelen um dieses Datum herum fest und übernahm ebenfalls die mythologischen Grundgedanken. So wird auch heute noch an diesen Tagen den Ahnen gedacht und die Gräber werden besonders schön geschmückt. Die enge Verknüpfung wird zudem deutlich, wenn man sich mit dem alten Volksglauben beschäftigt: An Allerseelen entstiegen die Toten dem Fegefeuer und hielten kurz auf der Erde inne, um alles Liebgewonnene noch einmal zu besuchen. Der Grundgedanke, dass diese Nacht gewissermaßen als ein Tor zur Anderswelt fungiert und eine seltene Gelegenheit darstellt, mit allerlei Übersinnlichem in Berührung zu kommen, hat sich also viele Jahre hindurch erhalten.

Als weiteres bedeutsames Fest im keltischen Jahreslauf lässt sich die Wintersonnwende, »Alban Arthan« genannt, ausmachen. Ihr Datum lag zwischen dem 20. und 23. Dezember. Damals schon wurde mit vielerlei Ritualen und unterschiedlichstem Zeremoniell das Ende der Dunkelheit und der Beginn der hellen und lichten Zeit durch die Wiedergeburt der Sonne gefeiert. Die länger werdenden Tage standen gleichbedeutend für die Entstehung neuen Lebens. Diese Symbolik wurde fast übergangslos im christlichen Glauben übernommen. Zwar ist unser heutiges Weihnachtsfest kurz nach den eigentlichen Tagen der Wintersonnwende, aber wir feiern ebenfalls die Rückkehr des Lichtes und der Hoffnung durch Christi Geburt.

Auf das heute gültige Datum der Wintersonnwende, den 21. Dezember, wurde übrigens der Tag des Apostels Thomas, der ebenfalls von einem reichen Brauchtumsschatz umgeben ist, gelegt. Dies geschah, da Thomas am längsten an der Auferstehung Jesu zweifelte und symbolisch in Nacht und Dunkelheit des Unglaubens verharrte, ehe auch er vom Glauben erleuchtet wurde.

Das Fest namens »Imbolc« war ebenfalls ein Licht- und Fruchtbarkeitsfest und fiel damals auf den 1. und 2. Februar.

Am 2. Februar feiert auch das Christentum »Mariä Lichtmess«. Dieser Tag markiert das endgültige Ende der Weihnachtszeit. Viele Bräuche, die zu Ehren des wiedererwachenden Lichtes ins Leben gerufen wurden, wurden bis in die jüngste Vergangenheit zelebriert. So zündete man früher in Haus und Hof Kerzen, Öllampen oder Talglichter an, um das zunehmende Licht zu begrüßen. Heute kennen wir zu Mariä Lichtmess noch die Weihe der Kerzen oder Lichterumzüge durch die Dörfer.

An vierter Stelle der Feste im Jahreslauf wurde bei den Kelten »Alban Eiler« zwischen dem 20. und dem 23. März gefeiert. Dieser Zeitpunkt wurde gewählt, da er die Tag- und Nachtgleiche im Frühling markiert und somit endgültig der Beginn der Jahreszeit gefeiert werden konnte, in der die Helligkeit länger währt als die Dunkelheit. Die Göttin, der diese Feierlichkeiten gewidmet wurden, hieß Eostra oder auch Ostara und lässt somit leicht auf das Fest, welches im christlichen Kalender eine sehr bedeutende Rolle spielt, überleiten: Unser heutiges Osterfest fällt zwar nicht (immer) auf das gleiche Datum wie das damalige »Alban Eiler«, greift aber im Kern den Sinn sowie die Symbolik des ursprünglichen Ostara-Festes auf. Ostara stand für die Auferstehung der Natur und des neuen Ackerjahres und vor allem für die Fruchtbarkeit. Im Christentum feiern wir die Auferstehung Jesu und damit verbunden die Geburt der Hoffnung für die Erlösung der Menschen und die Überwindung des Todes durch das ewige Leben.

Als Symbolik für Fruchtbarkeit, welche auch bei verschiedenen Ritualen eine tragende Rolle spielten, galten seit jeher Eier. Schon der Göttin Ostara war ein Ei als Attribut zugeordnet, stellvertretend für das neu entstehende Leben, und Hasen, welche immer schon durch ihre hohe Paarungsfreudigkeit als Tiere des Lebens angesehen wurden. Bereits vor über tausend Jahren wurden zu Ehren der Göttin an ihrem Festtag Feuer entzündet und brennende Holzscheiben von den Bergen gerollt. In vielen Gemeinden ist es noch üblich, in der Nacht vor Ostern ein Feuer zu entzünden und dieses die Nacht hindurch brennen zu lassen. Davon entzündet der Priester in der Osternacht eine Kerze und trägt diese durch die Dunkelheit in die Kirche, um gemeinsam mit den Gläubigen die frohe Botschaft »Christus ist das Licht der Welt« zu feiern.

Chronologisch im Festtagskalendarium der Kelten weiter fortschreitend, treffen wir auf das Fest »Beltane«, welches in der Nacht vom 30. April auf den 1. Mai gefeiert wurde. Dieser Feiertag war vermutlich dem Lichtergott »Bel« gewidmet und wurde erneut mit Fruchtbarkeitsriten und Freudenfeuern begangen. Vergleichbare Feierlichkeiten sind auch uns noch in der Nacht zum 1. Mai bekannt, allerdings unter dem Namen »Walpurgisnacht«, in Andenken an die heilige Walpurga. Ein reicher Volksbrauchtumsschatz rankt sich bis heute um diese Nacht.

An sechster Stelle im Kreise der Jahresfeste stoßen wir auf die Sommersonnwende, bei den Kelten »Alban Heffyn« oder auch »Litha Fest« benannt, welche einst zwischen dem 20. und 23. Juni gefeiert wurde. Dieser Festtag markierte den längsten Tag und die kürzeste Nacht im Jahr. Feierlichkeiten und Freudenfeuer wurden abgehalten, um die Fülle der Natur zu feiern, die zu dieser Zeit reiche Gaben zu bieten hat. Allerlei Mythen und Brauchtümer ranken sich seit jeher um diesen Tag. So sagt man, dass die Kräuter, die am längsten Tag des Jahres geerntet werden, über die größten Heilkräfte verfügen sollen. Das Ritual des Feuers hat sich bis in unsere heutige Zeit erhalten, wenn auch der Tag während der Christianisierung dem heiligen Johannes gewidmet wurde. Johannes der Täufer gilt als kraftvoller und bedeutender Heiliger, ihm zu Ehren entzünden wir in unseren Tagen nun die weit verbreiteten Johannifeuer.

Als ein weiteres Fest, welches nicht datumsgleich einem christlichen Hochfest zuzuordnen ist, dennoch aber einige Gemeinsamkeiten mit einem etwas später angesiedelten christlichen Fest aufweist, ist »Lammas« oder auch »Lughnasadh«. Dieser Feiertag wurde in der Nacht vom 1. auf den 2. August gefeiert, zu einer Zeit also, als die Natur zwar noch in voller Blüte stand und all ihren Reichtum darbot, aber dennoch schon der leise Hauch des nahenden Herbstes in der Luft lag. Noch einmal wurde der ganzen Pflanzenwelt gedacht, die Erntephase begann und man wurde für die Mühen der Saat im Frühjahr belohnt.

Zwei Wochen später, am 15. August, feiern wir in unserem christlichen Jahreslauf mit »Mariä Himmelfahrt« die leibliche Aufnahme Mariens in den Himmel. An diesem Tag werden in der katholischen Kirche Kräuterbüschel gebunden und in der Messe geweiht, welche das ganze Jahr über in den Stuben oder im Stall Glück und Gesundheit bringen sollen.

Als letztes Fest im keltischen Jahreslauf wurde »Alban Elved« zwischen dem 20. und dem 23. September als die Herbst-Tagundnachtgleiche gefeiert. Nun neigte sich die Waagschale wieder in Richtung der dunklen Zeit, die Tage wurden erneut kürzer und die Nächte länger und unheimlicher. Noch einmal wurde ausgelassen in großer Gemeinschaft gefeiert und der reichen und glücklich verlaufenen Ernte gedacht. Nach der Zeit der Arbeit konnte nun der Rückzug in das häusliche Leben erfolgen und man bereitete sich auf die langen, dunklen Nächte voller mystischer Wesen und Gestalten vor.

Unser heutiges Erntedankfest erfuhr lange keine Festlegung auf ein einheitliches Datum, erst seit Anfang der 1970er Jahre wird es am ersten Sonntag im Oktober gefeiert. Allerdings entspricht es in seinen Grundzügen und -gedanken sehr dem Fest unserer keltischen Ahnen. So gilt es auch bei uns als Abschluss des Bauernjahres und als Möglichkeit der Danksagung für die Früchte der Erde und für die menschliche Arbeitskraft.

Nicht nur in unseren Feiertagen, auch in den Monats- und Wochentagsbezeichnungen ist die enge Verbindung zu Religion und Kult unserer Vorfahren anschaulich nachzuvollziehen.

Heutiger Monatsname	**Monatsname nach alter Benennung**	**Erklärung**
Januar	**Hartung (Hartmond)**	Zeit des hartgefrorenen Schnees, »hart« kommt hier aus dem Althochdeutschen und bedeutet so viel wie »viel«, »sehr«, d.h. viel Schnee, viel Kälte
Februar	**Hornung**	Zeit des »Horens« und der Fasnacht, »horen« = »sich paaren«
März	**Lenzing**	Zeit der länger werdenden Tage, Frühlingsmonat
April	**Ostermond**	Monat der Osterzeit/Ostara, Göttin des Lichtes
Mai	**Wonnemond (Mai)**	Zeit der Freude und Lust, Eintritt der Sommerwonne
Juni	**Brachet (Pranget)**	Zeit des Umbrechens der Brache, Äcker werden geschont; liegen brach, die Natur prangt, vor allem Blumen und Kräuter

Heutiger Monatsname	Monatsname nach alter Benennung	Erklärung
Juli	**Heuert (Heumond)**	Zeit der Heuernte, die Wiesen werden gemäht, das Bauernjahr ist auf seinem Höhepunkt
August	**Ernting**	Zeit zum Einbringen der Getreideernte
September	**Scheiding**	Zeit des Scheidens, die Hochzeit im Bauernjahr
Oktober	**Gilbhard (Herbstmond)**	herbstliche Zeit des Welkens und Vergilbens in der Natur, Laubfall
November	**Nebelung**	Zeit des nebel- und windreichen Monats, Winterbeginn
Dezember	**Julmond**	Weihnachtszeit, Zeit des Julfestes und der heiligen Weihe- oder Rauhnächte

Heutiger Wochentag	Wochentag nach alter Benennnung	Erklärung
Montag	**Mondtag**	dem Mond geweiht
Dienstag	**Tiestag**	leitet sich von Ties, Tiu, Tyr ab, dem Kriegsgott der Germanen
Mittwoch	**Wotanstag**	für Odin/Wotan
Donnerstag	**Donarstag**	für Thor, den mächtigen Donnergott
Freitag	**Frijatag**	ist Freya, Frija, Frigga, der Göttin für Schönheit und Liebe (Wotans Gemahlin) gewidmet; ihre Gestalt im Winter verschwimmt mit Frau Berchta oder Frau Holle
Samstag (Sonnabend)	**Sambeth**	Tag für Ambeth, eine der drei Bethen/(vgl. auch die drei Nornen) Ambeth, Wilbeth und Borbeth
Sonntag	**Sonnentag**	der Sonne geweiht

Brauchtum: Bei den drei Nornen handelt es sich in der nordischen Mythologie um die drei »Schicksalsschwestern, eine Entsprechung der »drei heiligen Frauen«, die in vielerlei Varianten zu finden ist und im Glauben und Aberglauben stets eine große Rolle spielen. Die Notwendigkeit ihrer Dreizahl spiegelt ihre drei wichtigen Aufgabenbereiche wider: Leben geben, Geschick zuteilen und beides zerschneiden, also zunichtemachen. Im deutschen Volksglauben wurden die drei Nornen zumeist umgewandelt in die drei Bethen. Sie werden bei schweren Geburten angerufen und stehen eng mit dem Lauf des »Schicksalrades« in Verbindung. So ist ein ihnen oft zugeordnetes Attribut das Spinnrad. In dem Gespinst der durch die Lüfte fliegenden Spinnennetze des Altweibersommers sieht man ihre langen, grauen Haare. Das Spinnverbot in den Rauhnächten wird oft mit der Arbeit der Nornen begründet: Nur ihre Schicksalsräder dürfen sich während dieser heiligen Nächte drehen, andere Räder würden Chaos in die neugesponnene Ordnung bringen.

Die enge Verbindung zwischen der Natur und unseren heutigen Feiertagen liegt also tief in den alten, mystischen Glaubenslehren unserer Vorfahren begründet. Zusammenfassend lässt sich sagen, dass unsere Urahnen »Kinder des Waldes« waren und ein tiefes Empfinden für die ganze belebte Natur, für die Gestirne, für Berge, Wälder und Wasser hatten. So waren sie von Belangen bewegt, die auf die Vorgänge in der Natur, auf Sonne, Mond und Wind, Bäume, Felder und Feldfrüchte Bezug nahmen. Oder die sich an die Haustiere, an Hof, Stall und Feld knüpften sowie bestimmend für das Schicksal der Menschen und ihres Wirkungskreises waren. Haine und Lichtungen waren ihre Gotteshäuser, Quellen und markante Felsen ihre Kultstätten.

Eine erste Kunde des Christentums kam schon relativ früh, ungefähr gegen Ende des 2. Jahrhunderts nach Christus, mit den römischen Kaufleuten, Beamten, Söldnern und Soldaten über die Alpen in unsere Gegenden. Die eigentlichen ersten Missionierungsversuche gingen aber erstaunlicherweise nicht vom Süden, von Rom aus, sondern kamen aus dem Norden, nämlich aus Britannien, Irland und Schottland. Sie sind im 5. und 6. Jahrhundert nach Christus anzusiedeln.

Als die Christianisierung in den germanischen und keltischen Gebieten Europas zunehmend an Bedeutung gewann, konnten die Missionare die tief

verwurzelten Bräuche, die das Leben der Menschen bisher geprägt hatten, nicht vollständig unterdrücken. Man versuchte deshalb, die alten Sitten und Gebräuche mit dem christlichen Glaubensgut anzureichern und zu ergänzen. Zudem wurden teilweise auf den alten Kultplätzen christliche Kapellen, Kirchen und Kathedralen errichtet.

Lange nach dem Erlöschen der Kultur der Germanen und Kelten, noch bis ins letzte Jahrhundert hinein, spielten für unsere Vorfahren die alten Brauchtümer, Riten und Traditionen eine sehr bedeutende Rolle in ihrem Alltagsgeschehen, dem Jahresablauf und ihrem Lebenskreis. Zu einer Zeit, als die Verbindung zur Natur noch immer viel enger, selbstverständlicher und lebensnotwendiger war als in unseren heutigen Tagen, dienten sie oft zur Erklärung oder zum Schutz vor den unterschiedlichsten Naturgewalten und -phänomenen. Sie halfen, gefestigt im Glauben, den harten Arbeitsalltag zu überstehen, unbewusste Ängste und Sorgen zu überwinden, oder sich unerklärliche Schicksalsschläge und Erkrankungen begreifbar zu machen. Eingebunden in den Kreislauf der Natur und ohne die steten, teilweise belastenden Einflüsse unserer heutigen Zerstreuungsmedien und der dauerhaften Lichtüberflutung, war auch die Wahrnehmung und Empfindung noch ganz anders ausgeprägt. Die Witterung wurde genauestens beobachtet, die Gaben der Natur, Pilze, Beeren und Feldfrüchte, wurden dankbar gesammelt und in den täglichen Speiseplan eingebunden. Bei vielen Menschen war im Bereich der Pflanzen- und Kräuterkunde ein großer Wissensschatz vorhanden. Man kannte noch uralte Hausrezepte für allerlei Säfte und Tinkturen, die von Generation zu Generation weitergegeben wurden und oftmals den Gang zum Arzt ersparten. Ebenso verstand man sich auf die Gesunderhaltung und Heilung des Viehs, selbst wenn damals vermeintlich noch nicht so viele Möglichkeiten zur Verfügung standen, wie in der heutigen Tiermedizin. Der Umgang mit den Tieren im Haus und Hof war ein ganz anderer als wir ihn heutzutage in Zeiten der Massentierhaltung leider vielerorts kennenlernen müssen. Man hatte noch einen Bezug zu seinen Tieren und war sich dem Wert eines jeden einzelnen bewusst. So ist es leicht verständlich, dass Natur und Tierwelt oftmals eine bedeutsame Rolle in den alten Sagen und Mythen, im Brauchtum und den Ritualen spielten. Es gab einzelne Rituale, die sich nur mit der Gesunderhaltung des Viehs beschäftigten. Auch der Bezug der Menschen zueinander war ein ganz anderer und ist in unserer heutigen Zeit, die oft geprägt ist von Egoismus und Einzelkämpfertum, nicht mehr so leicht nachvollziehbar.

Zu Zeiten, als es noch eine starke Verbindung in den Dorfgemeinschaften gab, als man auf die Hilfe der anderen angewiesen war und im Gegenzug ebenso selbstlos half, wenn es erforderlich war, waren gemeinschaftliche Zusammenkünfte des ganzen Dorfes, von Jung und Alt, selbstverständlich. Vor allem an den dunklen Winterabenden, wenn die anstrengende Feldarbeit zum Stillstand kam, traf man sich in den holzbeheizten Stuben, musizierte oder handarbeitete zusammen und lauschte den alten Geschichten. Wenn draußen der hohe Schnee lag und der Wind durch die Bretterritzen der Holzhäuser pfiff, war die beste Gelegenheit, zur Ruhe zu kommen, das Geschehene zu verarbeiten und die Weichen für das neue Jahr zu stellen. Es boten sich Ruhestunden zur Besinnung, zum Hineinlauschen in sich selbst, aber auch zur Kontaktaufnahme mit der Welt der Geister- und Naturwesen. Die langen, dunklen Abende am Ende des Jahres luden geradezu dazu ein, im Kreise der Familie verschiedene Rituale und Orakelmöglichkeiten auszuprobieren und gestärkt in das neue Jahr zu blicken.

Und so waren die Winternächte, insbesondere die Zeit zwischen den Jahren, die Rauhnächte, seit jeher erfüllt von allerlei Zauber und Hoffnung, aber auch von wilden Gestalten, düsteren Sagen und einem allgemeinen Gefühl der besonderen Aufmerksamkeit und Spannung. Es mag uns heute schwer fallen, nachzuvollziehen, wie die langen, düsteren und nebelerfüllten Nächte auf die Seelengestimmtheit der Menschen einwirkten. Dennoch ist noch immer spürbar, dass die Tage rund um die Wintersonnwende auch eine Wende im allgemeinen Empfinden markieren.

Vieles hat sich in den letzten Jahrzehnten grundlegend verändert. Manche alten Bräuche, die noch bis ins 20. Jahrhundert hinein eine große Bedeutung hatten, sind heute zum Teil nur noch aus der Literatur bekannt oder ganz in Vergessenheit geraten. Vor allem in der bäuerlichen Lebenswelt sind viele grundlegende Veränderungen eingetreten. Durch den Einzug der Modernisierung auf den Höfen verloren viele der alten, eng mit dem Jahreslauf verbundenen Traditionen ihren Sinn und wurden abgeschafft. Religion und Glaube nehmen in unserem heutigen Alltagsleben zumeist keinen so hohen Stellenwert mehr ein, wie es noch vor wenigen Jahrzehnten der Fall war. Auch der alte Aberglaube hat sich grundlegend gewandelt, da das meiste in unserer modernen Welt wissenschaftlich erklärbar geworden ist und dem Übersinnlichen nur noch wenig Bedeutung zukommt. Bis zu einem gewissen Grad ist es auch heute noch ein nachvollziehbarer Wunsch, durch verschiedene Ora-

kelbräuche einen Einblick in die eigene Zukunft zu erhalten oder durch unterschiedliche Rituale den Alltag zu bereichern.

Natürlich kann diese kleine historische Zusammenfassung nur einen rudimentären Einblick in die alten Kulte und Feierlichkeiten, Riten und Rituale bieten. Dennoch wird bereits durch diese kurze Betrachtung nachvollziehbar, dass Brauchtum immer etwas ist, das sich über viele Generationen hindurchzieht und dabei manchmal im Laufe der Jahre ergänzt oder »weiterentwickelt«, nie aber völlig verändert wurde. Hinter dem Brauchtum und den Traditionen steckt immer ein uralter Gedanke und eine tiefe Verbindung zur Natur, zur Tierwelt und zum Leben, sowohl zu dem eigenen als auch zu dem der Ahnen.

Lassen wir also kurz den Gedanken auf uns wirken, dass in vielen unserer heutigen Feste, welche für uns unverzichtbar zum Glauben und zum Jahreslauf gehören, alte Wurzeln und Rituale stecken. Diese haben sich über viele Jahrhunderte hindurch erhalten und bereits vor mehr als 2000 Jahren die Herzen der Menschen erfüllt. Gleichermaßen handelt es sich bei den überlieferten Ritualen und Brauchtümern nicht nur um einen leichtfertigen Aberglauben oder erdachte Fantasiegebilde. Hinter jedem einzelnen steckt eine tief verwurzelte Bedeutung, verbunden mit einem starken Glauben und einer Ehrfurcht vor dem Leben und der ganzen Natur. Die alten Bräuche, Riten und Traditionen können also als Teil eines universellen Gedankengutes gewertet werden, welches in uns allen ruht und aus welchem wir Seelenruhe, Lebensmut und ein tiefgreifendes Verständnis für die gesamte Lebenswelt schöpfen können. Besonders hoch konzentriert spürbar werden diese Erkenntnisse in der Zeit um die Rauhnachtstage. Wir werden uns nach und nach auf die Fährte begeben und das leise, geheimnisvolle Raunen des Unerklärlichen gemeinsam ein wenig deutlicher werden lassen.

Mit diesem Hintergrundwissen können wir dem Themenkreis rund um die Rauhnächte mit noch größerer Vorfreude, vielleicht gepaart mit etwas Ehrfurcht, entgegentreten.

ORAKEL, RITUALE UND MYTHEN DER VERGANGENHEIT

Auch bei den unterschiedlichen Ritualen und Orakelmöglichkeiten lässt sich eine weit zurückreichende Geschichte ausmachen. Seit jeher waren die Menschen davon bewegt, die Zukunft zu ergründen und somit das eigene Schicksal aktiv mitzugestalten. Egal ob es darum ging, dem künftigen Liebsten zu begegnen oder die Ernte des nächsten Jahres abschätzen zu können.
In den uralten Kulturen waren Priester oder andere religiöse Kultpersonen für die öffentliche Ausübung magischer Rituale verantwortlich. Dennoch existierte auch zu diesen Zeiten schon eine Art »Volksmagie«. So glaubte man vielfach an Schutzzauber und Amulette, unterschiedliche Zaubersprüche wurden genauso hoch gehandelt wie greifbare Kräuter und Heilmittel.
Allgemein herrschte ein großer Glaube an vielfältige magische Handlungen, anhand derer etwas Gutes herbeigeholt, etwas Schlechtes abgewehrt oder ein kurzer Blick in die Zukunft geworfen werden konnte.

Orakelstätten sind uns aus vielen der alten Kulturen geläufig, am bekanntesten ist hierbei sicherlich das Orakel von Delphi im antiken Griechenland. Der Begriff **»Orakel«** leitet sich von (lat.) »orare« = »sprechen, beten« ab. Somit ist ein »Oraculum« also ein »Ausspruch« (von einer höheren Instanz) oder ein »Götterspruch«. Dies lässt sich auch auf das Orakel von Delphi übertragen. An dieser bekannten Weissagungsstätte wirkte die Hohepriesterin Pythia und empfing dort Feldherren und Herrscher, welche sich mit strategischen Fragen an sie wandten. Der Ablauf des Orakels folgte immer einem gleichbleibenden Ritual: Zuerst nahm die Priesterin nackt ein Bad in der Quelle Kastalia, um kultisch rein zu sein, und trank dann einen Schluck heiligen Wassers aus der Quelle Kassotis. Daraufhin versetzte sie sich in einen Trancezustand und beantwortete die Fragen der Klienten mit, teils rätselhaften, Entgegnungen.

Allerdings muss es bei einem Orakel nicht immer eine menschliche Mittelsperson geben, um sich an die übergeordnete Instanz zu wenden. Auch Tierorakel oder sogar gegenständliche Orakel wie Runen-, Baum- oder Pflanzenorakel können befragt werden. Gemeinsam ist allen, dass nie eine eindeutige, sondern immer eine symbolische Antwort erfolgt. Man muss die entsprechenden Hinweise zu deuten wissen und sie im Fragekontext selbst interpretieren. Orakel können immer auch an gewisse Rituale geknüpft sein. Von besonders großer Bedeutung waren Orakel während der Rauhnachtszeit. Man nutzte die erstarkte Verbindung zur Anderswelt, um Hinweise und Botschaften zu empfangen.

Ein **»Ritual«,** von (lat.) »ritus« = »Handlung, Gewohnheit«, ist eine festgelegte Handlung von religiösem oder zumindest spirituellem Hintergrund, die aus Worten und Gesten besteht und einem festen Ablauf folgt. Charakteristisch für ein Ritual ist, dass Rituale immer wieder, oft zu einem gleichbleibenden Zeitpunkt oder Anlass, nach demselben Ablauf vollzogen werden. Dabei kann außer Acht gelassen werden, ob die Regeln des Rituals bereits festgelegt sind (zum Beispiel bei einem Gottesdienst) oder wir uns diese selbst überlegt haben. Wichtig ist nur, dass die Regeln befolgt werden und keine Abänderung erfolgt. In manchen Ritualen werden Mythen nachgestellt, göttliche Wahrheiten sichtbar gemacht oder eine Verbindung mit der göttlichen Macht hergestellt. In Zusammenhang mit der Rauhnachtszeit werden uns noch viele Rituale begegnen.

Unter dem Begriff **»Mythos«** (altgriechisch) »μῦθος« = »sagenhafte Geschichte«, »Mär«, versteht man uralte, überlieferte Erzählungen, die, teils über viele Generationen, weitergegeben wurden. Im Laufe dieser Überlieferungen kann sich der Wahrheitsgehalt etwas verfälscht haben. Dennoch tragen diese Geschichten einen wahren Kern in sich. Die Handlungspersonen und die erzählten Ereignisse weisen immer auch eine sehr hohe Symbolkraft und eine hintergründige Bedeutung auf, welche meist nicht von Anfang an erkannt oder richtig gedeutet werden kann. Der Gesamtschatz aller Mythen eines Volkes, einer Religionsgemeinschaft oder einer Kultur wird als »Mythologie« bezeichnet. Auch auf die Erzählungen aus der Rauhnachtszeit trifft der Überbegriff Mythos zu, die Rauhnächte als Gesamtkomplex gesehen, stellen zudem einen Teil unserer Mythologie dar.

Untrennbar mit der Mythologie einer Kulturgemeinschaft ist auch deren Brauchtumsschatz verbunden. Er bildet sozusagen eine Überkategorie. Riten, Rituale und Mythen können Bestandteil von ihm sein. **»Brauchtum«** leitet sich vom althochdeutschen »bruh« = »Nutzen« ab und vereint eine Sammlung verschiedener Bräuche in sich. Ein Brauch ist eine innerhalb einer festen religiösen und/oder sozialen Gemeinschaft gewachsene Gewohnheit. Die Gewohnheiten einer Einzelperson hingegen werden nicht als Brauchtum bezeichnet. Ein Brauch ist immer auch unmittelbar an verschiedene Lebenssituationen oder -erfahrungen geknüpft. Dabei handelt es sich um Erlebnisse, die immer die breite Allgemeinheit betreffen, so zum Beispiel: Liebe, Geburt, Tod oder religiöse und gesellschaftliche Festtage und Feierlichkeiten. Im Jahreskreis bietet der Brauchtumskomplex vielfältige Angebote, die es dem einzelnen ermöglichen, sich über den Alltag hinauszuheben. Brauchtum stiftet aber auch Gemeinschaft oder eine gemeinsame Identität und stellt Höhepunkte im Alltagsleben dar. Die Durchführung der jeweiligen Bräuche richtet sich nach dem Kirchenjahr, nach den Jahreszeiten allgemein oder nach den Tätigkeiten im Bauernjahr. Zudem kann zwischen regionalen – oft sind schon von Dorf zu Dorf unterschiedliche Bräuche bekannt – und nationalen Bräuchen unterschieden werden.

Unsere Kultur kennt eine Fülle von Riten, Mythen und Bräuchen, die ihre Wurzeln in teilweise vorchristlichen, teilweise christlich-religiösen Ursprungsfaktoren haben. Manches davon verlor sich im Laufe der Zeit, da man keinen Sinn mehr in der aktiven Ausübung sah. Anderes ist nur noch aus alten Büchern und Aufzeichnungen bekannt. Manche Bräuche sind jedoch auch heute noch fester Bestandteil bestimmter Tage und untrennbar mit deren Feiergestaltung verbunden. Sie haben überlebt und sind lebendig gehalten worden, weil sie in Riten, oft auch in religiöse Rituale eingebunden waren und von Generation zu Generation, auch in Form von Sagen und Mythen, weitergegeben wurden.

Auch wenn wir die Wurzeln oft nicht mehr kennen oder zuordnen können: Brauchtümer und Rituale waren immer schon Teil einer religiösen und kulturellen Identität und haben das Zusammenleben der Menschen sowie auch das Leben der Einzelnen maßgeblich beeinflusst.

Aufgaben von Ritualen und Bräuchen

- Sie vermitteln den Menschen Identität.
- Brauchtum und Religion sind untrennbar miteinander verbunden und wirken sich wechselseitig kräftigend aufeinander aus.
- Sie vermitteln den Menschen das Gefühl der Zugehörigkeit zu einer Gemeinschaft.
- Sie helfen, einer Gemeinschaft, die Zeit zu ordnen und in Abschnitte zu gliedern. Damit verleihen sie dem ansonsten ungegliederten Leben Struktur und Ordnung.
- Sie helfen den Ablauf des eigenen Lebens sowie des gemeinschaftlichen Jahreslaufes in Abschnitte zu unterteilen und übersichtlicher zu machen.
- Sie erfüllen das Leben mit Orientierungspunkten und vermitteln dadurch Ruhe, Beständigkeit, Sicherheit und Geborgenheit.
- Sie wirken unterstützend (für die Gemeinschaft oder für die Einzelpersonen) bei der Bewältigung von Krankheiten, Krisen und Schicksalsschlägen.
- Sie helfen, Lebenshöhepunkte individuell zu feiern und zu gestalten (z.B. Geburt, Taufe, Hochzeit).
- Sie sind sinnstiftend und geben Halt.

UNTERSCHIEDLICHE BRÄUCHE UND RITUALE

Bei den alten Volksgebräuchen und -ritualen lassen sich Untergruppen bestimmten, in deren Kategorien man die verschiedenen Brauchtümer einordnen kann, welchen wir auch im Laufe der Rauhnächte immer wieder begegnen werden.

Bräuche, die Schaden abwenden sollen

Besonders wichtig im ländlichen Volksglauben waren Bräuche und Rituale, die eine Schutzfunktion für Leib, Haus, Hof und Tiere einnahmen. Viele dieser Brauchtümer basieren auf der Vorstellung, dass neben der tatsächlichen und erfassbaren Wirklichkeit parallel eine Geisterwelt existiere, die ständig, und geballt in den Rauhnächten, Zugriff auf die Lebenswelt der Menschen habe. Kreaturen, die auf diese Art eine permanente Bedrohung darstellen, sind der Teufel, Geister, Hexen, Druden und allerlei schauerliche Gestalten mehr. Oft wurden sie unmittelbar mit Schicksalsschlägen in Verbindung gebracht. Sie konnten auf diese Weise verantwortlich gemacht werden für Krankheiten von Mensch und Tier, Blitzeinschläge, Hagelschäden, Feuer, Missernten und vielem mehr, was den Lebenskreis der Menschen berührte. Auch in vielen alten Sagen wird der Glaube an unheilbringende Mächte und die Angst vor schicksalhaften Zwischenfällen thematisiert. In den Rauh- und Losnächten galten die Anfeindungen der Geisterwelt als besonders präsent. Aus diesem irrationalen Gefühl einer allgegenwärtigen Bedrohung heraus, entstanden vielerlei Schutz- und Schadensabwehrbräuche sowie mystische Weiheobjekte, die den Einfluss der dämonischen Kräfte abwehren oder mindern sollten.

Bräuche, die Naturalien einbringen sollen

Bei Heische- oder Einkehrbräuchen geht es um das Erbitten von Nahrung oder anderen Gaben. Dies geschieht bei Heischebräuchen zumeist an den Haustüren der Dorfbewohner, bei Einkehrbräuchen wird man direkt in der Stube bewirtet.
Ein Beispiel hierfür ist der Gang der Sternsinger, oder aber auch das »Klöpfeln« an den Türen und das damit verbundene Bitten um verschiedene Nahrungsmittel während der Rauhnächte.

Bräuche, die Gesellschaft und Gemeinschaft stiften

Viele Bräuche stehen mit Musik, Tanz und Geselligkeit in Verbindung. Sie lenken die Menschen von der harten Arbeit und dem beschwerlichen Alltag ab und waren auch beliebt, um Partnerschaften oder Hochzeiten anzubahnen.

Bräuche, die sich auf Speis und Trank beziehen

In einer Zeit, in der die Speisen noch von anderem Wert waren als in unseren heutigen Tagen, nahm auch das Essen einen anderen Stellenwert im Leben ein. Man würdigte, was man hatte und war dankbar für einen reich gedeckten Tisch. So waren besondere Termine im Brauchjahr auch stets mit besonderen Speisen, vor allem mit Fleischgerichten, verknüpft. Oftmals fanden diese Festmahle in großer Gesellschaft und mit allen Beschäftigten eines Hofes statt.

Bräuche, die der Erziehung oder der Erhaltung der Moralvorstellungen dienen sollen

Einige Bräuche basieren auch auf dem Prinzip der Einschüchterung, die oft die Kinder betraf. So gab es allerlei Schreckgestalten, zum Beispiel die »wilde Luzie«, die es speziell auf unartige Kinder abgesehen hatten. Aber auch auf Erwachsene konnten die Brauchtümer eine gewisse Erziehungsfunktion ausüben und dazu beitragen, dass die moralischen Vorstellungen einer Gemeinschaft klar formuliert waren.

BRAUCHTUMSSCHWUND

——— Bereits seit den 20er Jahren des letzten Jahrhunderts deuten sich Entwicklungen an, die auf den Rückgang einzelner Elemente der unterschiedlichen Bräuche oder gar auf deren komplettes Erlöschen schließen lassen. Vor allem die zunehmende Technisierung und Mechanisierung in der zweiten Hälfte des 20. Jahrhunderts, welche zwar den harten Arbeitsalltag erheblich erleichterte, aber auch einige negative Folgen mit sich brachte, sorgte dafür, dass viele Bräuche zunehmend an Bedeutung verloren. Eine Erklärung dafür ist, dass durch den Wegfall der Arbeitskräfte auf einem Hof, zum Beispiel Knechte und Mägde, viele Gesindebräuche, unter anderem die reiche Brauchtumsfülle zu Lichtmess oder zur Erntezeit, nicht mehr ausgeübt wurden. Auch Brauchtümer in Haus- und Landwirtschaft waren von diesem Rückgang der Beschäftigten auf dem Hof betroffen. Manche der Bräuche wurden im Laufe der Jahre auch von außen untersagt oder gar staatlich oder kirchlich verboten, da sie als zu gefährlich, als sittenwidrig oder als zu unchristlich erschienen. Eine weitere Einwirkung, welche den Brauchtumsschwund von innen begünstigte, war ein zunehmender Glaubensverlust der Landbevölkerung. Die Welt wurde immer rationaler gesehen, der Glaube spielte keine so bedeutsame Rolle mehr wie in den vorangegangenen Jahrzehnten und Jahrhunderten. Auf diese Art verloren auch manche Bräuche und Traditionen ihren von alters her überlieferten Sinn. So verflachte aber auch das religiöse Leben immer mehr, das wechselseitig ja auch durch den Brauchtumsschatz lebendig und abwechslungsreich gehalten wird. Auch im häuslichen Bereich konnte ein steter Rückgang der sakralen Bräuche wahrgenommen werden. Die Ursachen hierfür sind bei den Brauchträgern direkt zu suchen. Zum einen wurden viele Brauchtümer von der Elterngeneration nicht mehr an die Jugend weitergegeben, zum anderen trat bei der Jugendgeneration nach und nach eine gewisse Entfremdung vom religiösen Leben und von traditionellen Lebensformen ein. Schuld daran war unter anderem »die Tatsache, dass die jetzige Generation nicht mehr das tiefe Gemüt hat wie ihre Vorfahren und ihrer Oberflächlichkeit der Sinn für Poesie mangelt, die in den alten Bräuchen liegen.« Zudem wurde immer mehr die auch in unserer heutigen Zeit bekannte Meinung verbreitet, »daß es (das Volk) durch (Aus)übung der alten Bräuche dem Vorwurf der Rückständigkeit in der Bildung verfallen könnte.« (Leopold Schmidt, Brauch ohne Glaube)

Länger noch konnten sich die Bräuche in all ihrer Fülle im Hinterland und auf den Einödhöfen halten, die mit der Modernisierung in geringerem Ausmaß in Berührung kamen und auf diese Art der allgemeinen Vereinheitlichung noch länger entgegentreten konnten. Zudem mögen auch zeitgeschichtliche Ereignisse, die beiden Weltkriege und die Weltwirtschaftskrise, einen gewissen Einfluss auf den akuten Rückgang des Brauchtums gehabt haben. Festzuhalten ist, dass das Brauchtum, welches im Kirchenjahr oder in liturgischen Feierlichkeiten verankert ist, die Zeit am ehesten überdauert hat. Daraus ergeben sich zeitliche Konzentrationen der Brauchtumsfülle um die Hochfeste Dreikönig, der Karwoche, Ostern, Christi Himmelfahrt, Fronleichnam, Pfingsten, Mariä Himmelfahrt, Allerheiligen/Allerseelen, und um die Advents- und Weihnachtszeit. Auch in Gegenden, in denen noch geschlossene religiöse Gemeinschaften vorzufinden sind, ist der Brauchtumsschatz gegenwärtiger als in Regionen, in denen dies nicht mehr der Fall ist.

WELCHE BEDEUTUNG HAT BRAUCHTUM HEUTE FÜR UNS?

——— Will man also das Alltagsleben vergangener Generationen beschreiben, so ist eine Auseinandersetzung mit deren Bräuchen unumgänglich. Die Bräuche stellen gewissermaßen einen Schlüssel zum Verständnis für das Leben unserer Großeltern und Urgroßeltern dar. Brauch und Alltag bildeten eine Einheit und waren unmittelbar voneinander abhängig. Bräuche, die lebendig sein wollen, stehen immer im Zusammenhang mit dem Alltagsleben. Doch inwieweit ist das in unserer heutigen Zeit noch gültig und umsetzbar? Für unsere Großelterngeneration war es noch selbstverständlich, während der kalten Winterzeit gemeinsam am Kamin zu sitzen und sich die alten Sagen und Mythen zu erzählen. Für uns besteht heutzutage keine Notwendigkeit mehr, dem Rhythmus der Natur zu folgen und gemeinschaftlich den alten Erzählungen zu lauschen. Die Stuben sind immer gut geheizt und soziale Kontakte finden wir vermehrt auch in der virtuellen Welt.

Innerhalb der letzten 50 Jahre ist ein starker Wandel in unserer Lebensweise und den Alltagsgewohnheiten sowie dem sozialen Verhalten und der Gesellschaft an sich eingetreten. Wir haben viel an Wissen und Errungenschaften dazugewonnen, vor allem in den Bereichen der Technik und der medizinischen Behandlungsmöglichkeiten. Zugleich aber doch auch viel verloren. Wie oft hetzen wir Tag für Tag durch den Alltag und spüren am Abend doch keinen tieferen Sinn mehr?

Vielleicht ist genau das das Paradoxon unserer Zeit: zu viel von dem einen und zu wenig von dem anderen.

Wir machen größere Einkäufe, haben mehr Besitz, aber weniger Lebensfreude und Lebensgefühl. Mehr Kenntnisse über die unnützesten Dinge, aber weniger Hausverstand. Durch medizinische Errungenschaften können wir unsere Lebenserwartung um Jahre verlängern, schaffen es aber zugleich nicht, diese Jahre mit wirklichem Leben zu füllen. Es ist eine Zeit der Völlerei, die Supermärkte sind gefüllt mit einem unüberschaubaren Angebot an Sinnlosigkeiten, und zugleich werden unsere wertvollen Ackerflächen zubetoniert und zugebaut. Wir essen schnell und ungesund, verdauen langsam und schlecht. Wir wissen, wie man einen angemessenen Lebensunterhalt verdient, aber haben das Wissen verloren, wie man das Leben wirklich spüren und erleben kann. Wir wissen, wie wir uns möglichst gut nach außen präsentieren können, aber nicht mehr, wie wir unser Innerstes wertvoll gestalten. Für alles haben wir Pillen und Tabletten; um uns munter zu machen, um uns zu beruhigen, um ungeborene Kinder oder uns selbst zu töten, nicht aber um uns innerlich lebendig werden zu lassen. Unseren Besitz haben wir vervielfacht, wir verfügen über ein Sammelsurium an unnützen Dingen, dabei sind uns aber vielfach die wahren Werte verlorengegangen. Wir verspüren keinerlei Beziehung mehr zur Natur. Sie ist für uns nur noch Mittel zum Zweck geworden. Wir erreichen das Weltall, aber nicht mehr die Haustür unserer Nachbarn.

Wir sprechen zu viel, lieben zu selten und hassen zu oft. Es ist allgemein eine Zeit der Extreme: die Zeit der kurzlebigen Beziehungen, der zerstörten Familien, der großen Profite und der kleinen Herzen. Es ist die Zeit der unglaublichen Fülle und der nicht zu füllenden inneren Leere. Mehr von allerlei Oberflächlichem, aber nur noch so wenig Seelentiefe. Und die wirklich wichtigen Dinge sind auf der Strecke geblieben. Wie oft beten wir noch? Wie oft nehmen wir uns bewusst Zeit, um den Menschen, die wir lieben, oder gar einfach nur unseren Mitmenschen etwas Gutes zu tun? Wir befinden uns in einem Strudel aus Lärm, Hektik und kurzlebigen Vergnügungen, einem Wechselspiel aus Profit und Konsum, Terminen und Verpflichtungen. Die Zeit rast dahin, gerade hat das neue Jahr begonnen, schon ist es Frühling, bald steht der Sommer vor der Tür und dann dauert es nicht mehr lange bis zum ersten Schnee. Und ganz viel an Heimeligkeit und Seelenruhe ist während dieser Raserei auf der Strecke geblieben. Trotz allem äußeren Komfort wird die innere Leere immer größer und mit ihr die Sehnsucht nach Beständigkeit und Gemeinschaft.

Je größer diese Extreme und Spannungszustände unseres Alltags werden, je schnelllebiger die Zeit allgemein wird, desto stärker wächst jedoch bei vielen Menschen wieder die Sehnsucht nach Ruhe und die leise Ahnung, dass etwas im Leben fehlt, obwohl auf den ersten Blick alles vorhanden ist. In immer mehr Menschen erwacht die Sehnsucht nach den alten Überlieferungen wieder, nach dem Althergebrachten allgemein, nach dem Ursprünglichen und nach einer tieferen Verbindung zur Natur.

Vor allem in der Rauhnachtszeit, der Zeit um Weihnachten herum, werden all diese Extreme noch deutlicher spürbar: Der Stress, der nochmals gesteigerte Konsumrausch, der Druck, dass die Festtage perfekt verlaufen müssen. Dem gegenüber steht der innerliche Wunsch nach dem eigentlichen Sinn der Zeit zwischen den Jahren: Ruhe einkehren zu lassen, Zeit für die Lieben zu haben, Rückbesinnung und in sein Innerstes zurück zu finden. Jetzt wird uns noch stärker als sonst bewusst, dass das Leben einen tieferen Sinn hat als eine nie enden wollende Aufgabenliste. In uns steckt so viel mehr, das nur darauf wartet, in einem ruhigen Moment wieder entdeckt zu werden. Und genau hier kann die Aufgabe von Brauchtum liegen. Der Brauchtumsschatz kann uns helfen, wieder mehr in uns hineinzuhören und eine stärkere Bindung zur Natur und dem natürlichen Rhythmus der Jahreszeiten aufzubauen. Auch kann er eine Brücke schlagen zu unseren Ahnen und uns im Glauben bestärken. Brauchtümer und Traditionen können das Leben wieder etwas entschleunigen und uns die Augen öffnen für die wirklich wichtigen Dinge. Das oberflächliche Blendwerk führt uns keinen Schritt näher zu uns selbst und unserer Seelenruhe.

Die geheimnisvolle Zeit der Rauhnächte, in der die Schleier zur jenseitigen Welt sich lichten und Ruhe in der Natur eingekehrt ist, bietet eine wundervolle Gelegenheit für diese Entdeckungstour. Sie schenkt uns die Möglichkeit, einmal wirklich zur Ruhe zu kommen und für das da sein zu können, was im Leben wirklich zählt. Die Rauhnächte können ein Gegenpol zu unserer durch und durch rationalen Zeit sein und uns anregen, uns mit den in der Vergangenheit ersonnenen Ritualen und Brauchtümern auseinanderzusetzen. Dabei geht es nicht darum, alle früheren Gepflogenheiten maximal zu imitieren und uns ausschließlich an dem Lebenswandel der vorangegangenen Generationen zu orientieren. Vielmehr sollte eine Brücke geschlagen werden zwischen dem wertvollen Wissen der damaligen Tage und den Vorzügen unserer heutigen Lebensweise.

Welche Spanne von dieser Brücke umfasst wird, kann jeder für sich alleine entscheiden. So mögen für manche viele der überlieferten Rituale und Bräuche veraltet und nicht mehr zeitgemäß erscheinen. Dennoch kann diese Zeit voller Magie und Geheimnisse dafür genutzt werden, sich auf die einfachen, leiseren Dinge zu konzentrieren und wieder Zeit für sich, für die Familie und Freunde zu finden. Die Zeit kann auch eine Anregung darstellen, wieder mehr nach draußen zu gehen und die Natur zu erleben und zu spüren. In gleichem Maße können die überlieferten Brauchtümer und Rituale aber auch dazu inspirieren, mehr über sich selbst zu erfahren und tiefer reichende, innere Verwandlungsprozesse anzustreben, um mit neuer Kraft in das neue Jahr zu schreiten. Allgemein gelten die Rauhnächte als eine Zeit der Erneuerung und Verwandlung. Es gibt viele Erfahrungsberichte, in denen zu dieser Zeit ein Wendepunkt im Leben der Menschen eingetreten ist, an welchem sie eine neue Bewusstseinsebene beschritten haben.

Die Rauhnachtszeit bietet uns also die Möglichkeit, eine Schwelle zu überschreiten und eröffnet uns einen kurzen Blick in eine andere Welt voller Magie und Geheimnisse. Diesen Einblick können wir dazu nutzen, die uralten Überlieferungen und Bräuche in unserem Alltagsleben wieder neu aufleben zu lassen. Jeder in dem Maße, wie er es für sich selbst als angemessen und sinnvoll empfindet.

Wir haben Kreuz und Leiden das
Schreib ich mit der Kreiden
Und wer nicht Kreuz und Leiden
hat wischet dieses Schreiben ab
Heiliger Florian beschütze uns vor Feuer

Einstimmung und Vorbereitung auf die Rauhnächte

Winternacht
Vor Kälte ist die Luft erstarrt,
Es kracht der Schnee von meinen Tritten,
Es dampft mein Hauch, es klirrt mein Bart;
Nur fort, nur immer fortgeschritten!

Wie feierlich die Gegend schweigt!
Der Mond bescheint die alten Fichten,
Die, sehnsuchtsvoll zum Tod geneigt,
Den Zweig zurück zur Erde richten.

Frost! friere mir ins Herz hinein,
Tief in das heißbewegte, wilde!
Daß einmal Ruh mag drinnen sein,
Wie hier im nächtlichen Gefilde!

NIKOLAUS LENAU

ZUR RUHE KOMMEN

Oft ist es in der heutigen Zeit sehr schwer, wirklich zur Ruhe zu kommen und Stille und innere Einkehr zu finden. Während die Ruhe in früherer Zeit, vor allem in den Wintertagen, allgegenwärtig war, ist es heute sogar in ländlichen Regionen schon relativ laut geworden. Selbst wenn wir gerade einmal nichts zu tun haben, sind wir doch umgeben von einem steten Lärmpegel. Wenn wir diesen ausschalten können, sind wir dennoch, zumindest in Gedanken, schon auf dem Sprung zur nächsten Erledigung und zum nächsten Termin. Wir haben verlernt, wie sich wirkliche Ruhe anfühlt, sowohl äußerlich als auch innerlich. Nun ist es an der Zeit, als Einstimmung für das Rauhnachtsgeschehen, diese Ruhe ein Stück weit wiederzufinden. Dabei muss es sich nicht um ein völliges Fehlen von Geräuschen handeln, sondern vielmehr um eine innere Ruhe, um ein kurzes Loslassen jeglicher innerlichen Hektik und Belastung. Es kann schon ein kleiner Spaziergang ausreichen, bei dem wir uns einmal wieder völlig bei uns befinden und in uns ruhen. Es geht darum, das Wohlgefühl der Entschleunigung und Langsamkeit zu erfahren und mehr auf die Stimme der Seele zu lauschen, als auf äußerliche Störfaktoren. Auf diese Art können wir auch wieder bewusster die Schönheit der Natur zu dieser Jahreszeit wiederfinden oder gar neu entdecken. So kann, um ein kleines Beispiel zu geben, die Wanderung um einen vereisten See, der im Sonnenlicht leise knackt und knarzt, ein tiefes Gefühl der Geborgenheit und Sorgenfreiheit auslösen. Das »Singen des Eises« ist ein sehr ursprüngliches Geräusch, das uns zurückversetzt in die Zeit, als wir uns noch im Mutterleib befanden und eine ähnlich gedämpfte Geräuschkulisse vernahmen. Natürlich kann man sich genauso an dem Glitzern des Schnees erfreuen, bei einem Winterspaziergang durch verschneite Wälder. Es ist dafür gar nicht so sehr eine überwältigende Kulisse notwendig, sondern vielmehr das bewusste Besinnen auf sich selbst und auf den inneren Dialog mit den eigenen Gedanken und Gefühlen sowie auf das bewusste Erleben des gerade gegenwärtigen Augenblickes. Erst wenn wir diese intensive Verbindung zu uns selbst und zur Natur wieder zumindest ansatzweise spüren, wird es uns gelingen, die Magie der Rauhnächte in vollem Umfang aufzunehmen und dem Denken und Fühlen unserer Ahnen nachspüren zu können. Vielleicht ist es in dieser Zeit ja auch möglich, Elektronik wie Telefon, Wecker, Fernsehen und die Nutzung des Internets ein wenig zurückzufahren und einzuschränken. Auch dadurch wird das Gefühl des ständigen Unter-Druck-Stehens und Gedanklich-Abgelenkt-Seins deutlich gemindert. Unsere Vorfahren hielten sich ebenfalls an diese Grundgedanken. Alle wichtigen Arbeiten waren spätestens bis zur Wintersonnwende abgeschlossen. Der Hof war gereinigt, die Vorräte waren in ausreichendem Maße angelegt und alles war bereit, um sich die nächsten Tage in die Heimeligkeit des Zuhauses zurückziehen zu können.

Einige Punkte, die eine Einstimmung auf die Rauhnachtszeit positiv begleiten könnten, sind:

- Ordnung im persönlichen Wohnbereich schaffen, eventuell aussortieren, klar strukturieren.
- Leihgaben zurückgeben, Schulden zurückbezahlen.
- Offene Konflikte oder Problemsituationen, soweit möglich, aus der Welt schaffen.
- Die Wohnräume stimmungsvoll unter dem Motto der Rauhnachtszeit dekorieren: Kerzen besorgen und alles bereitstellen, was für die einzelnen Rauhnachtsrituale oder -orakel benötigt wird; zum Beispiel Räucherzubehör oder ein kleines Büchlein, um die persönlichen Gedanken und Empfindungen festzuhalten.

AUFRÄUMEN – MIT SICH SELBST UND IN DER PERSÖNLICHEN UMGEBUNG

Dieses Zurückziehen kann allerdings nur dann in einem harmonischen Umfang glücken, wenn wir sowohl unsere Gedanken sortiert als auch alle wichtigen, bereits angefangenen oder noch dringend zu erledigenden Aufgaben in unserer persönlichen Lebenswelt abgeschlossen haben. Zwar müssen wir heute zumeist keine Vorräte mehr anlegen oder Hof und Stall in einen aufgeräumten Zustand bringen, dennoch kann man die Tage vor Beginn der Rauhnachtszeit dafür nutzen, um einmal in seinem persönlichen, sozialen und auch dem wohnlichen Umfeld Ordnung zu schaffen. Dazu zählt, dass man lange aufgeschobene Aufgaben oder Vorhaben zum Abschluss bringt und sich somit von diesen innerlichen Bürden befreit. Als Beispiel könnte angeführt werden, dass man ausgeliehene Dinge zurückgibt, alte Schulden begleicht, einen aufgeschobenen Brief vollendet oder gar Probleme und bestehende Streitigkeiten bereinigt. Auch unsere Vorfahren legten schon großen Wert darauf, alte Uneinigkeiten nicht mit ins neue Jahr zu nehmen. Jetzt ist eine gute Zeit, um Sorgen oder Belastungen anzusprechen und auf diese Art das Herz und die Seele zu entlasten.

Genauso wie eine strukturierte Ordnung im sozialen Umfeld, braucht der Mensch für ein ruhiges Seelenleben eine gewisse Ordnung und Struktur in seinem Wohnumfeld. So ist jetzt der richtige Zeitpunkt, um in der Wohnung oder im Haus aufzuräumen und alles heimelig zu gestalten und in Vorfreude auf die Weihnachts- und Rauhnachtszeit zu dekorieren. Um die besinnliche Zeit bestmöglich für sich zu nutzen, kann auch speziell eine kleine Ecke eingerichtet werden, in die man sich gezielt zurückziehen kann. Vielleicht eine kuschelige Sitzgelegenheit mit einem kleinen Tischchen mit Kerzen darauf, welches später auch in einen kleinen, persönlichen Altar umfunktioniert werden kann. Hierbei kann man seiner Kreativität freien Lauf lassen und den Rückzugsort so gestalten, dass er Ruhe und Heimeligkeit ausstrahlt und dazu einlädt, sich mit den alten Sagen und Mythen zu befassen. Zugleich kann das ein oder andere Orakel ausprobiert werden oder man nutzt die Ruhe, um tief in seine Gedankenwelt einzutauchen und die Wärme der Stube zu genießen, während draußen die Schneeflocken stieben. Auch in diesem Empfinden werden wir uns plötzlich ganz mit der Gedankenwelt unserer Vorfahren verbunden fühlen und die Zeit der Rauhnächte als Kraftquelle nutzen können.

GEDANKEN ORDNEN

In der neu geordneten Umgebung ist es leicht, den Kopf frei zu bekommen, seine Gedanken klar auszurichten und neue Wünsche und Ziele zu formulieren.

Zum Ordnen der Gedankenwelt gehört zu Beginn eine Rückschau auf das alte Jahr. Monat für Monat können wir auf diese Weise vor unserem inneren Auge vorbeiziehen lassen und so gedanklich noch einmal alle schönen, freudigen und unbeschwerten, aber auch alle traurigen Momente erleben. Was ist gut gelaufen, was hat man richtig gemacht, was möchte man im neuen Jahr ändern oder besser machen?

Es ist klar, dass sich nicht alle Sorgen zum Ende des Jahres aus der Welt schaffen lassen. Wir können aber die Erfahrung machen, dass neben all den schönen Momenten, die wir im Laufe des Jahres erfahren durften, auch das Schwere, die Trauer oder sogar erlebte Schicksalsschläge Teil unseres Lebens sind und zu unserer ganz persönlichen Lebenserfahrung gehören. Auf diese Weise können wir auch erkennen, was wirklich wichtig war, woran unsere Seele gereift ist, was uns vielleicht unnötig belastet und Kraft gekostet hat und was wir von daher im neuen Jahr anders handhaben möchten. Selbst Trauer, Probleme oder schwierige Umstände, die wir zwangsläufig mit ins neue Jahr nehmen müssen, da der auslösende Prozess noch nicht abgeschlossen ist, können als Teil unseres Lebensplanes angesehen werden. Wir können darauf vertrauen, dass der übergeordnete, göttliche Plan seinen eigenen Weg verfolgt und vielleicht im neuen Jahr mit unerwarteten Erkenntnissen aufwarten wird, die wir daraus gewinnen können. Oft ist es so, dass ein Schicksalsschlag aus sehr naher Perspektive kaum zu verstehen oder zu verarbeiten ist. Es ist sehr viel Zeit nötig, um zu erkennen, dass wir auch daran gereift sind. Wir haben einen anderen Blick auf das Leben oder mehr Empathie für andere Menschen gewonnen, die sich in ähnlichen Situationen befinden.

So können wir mit einem Gefühl großer Wertschätzung auf alle Erlebnisse des vergangenen Jahres zurückblicken. Wir sind dankbar für unsere persönlichen Erfahrungen, die unser Herz erweitert und unsere Seele haben reifen lassen. Wenn wir alles Geschehene als den uns eigenen Erfahrungsschatz begreifen und willkommen heißen, fällt es uns leichter, loszulassen und die Kraft für neue Erfahrungen zu bündeln. Vielleicht kommen wir auf diese Art auch ein kleines Stück näher zu Gott.

RITUALE IN DER RAUHNACHTSZEIT

——— Mit dieser neugewonnen Kraft, Zuversicht und Strukturiertheit fällt es leicht, sich dem Themenkreis der Rituale anzunähern und sich erste Gedanken zu machen, welches Ritual für einen Selbstversuch geeignet erscheint. Dabei sollten wir immer die tiefe Bedeutung, die diese Rituale und

Bräuche für unsere Vorfahren hatten, im Hinterkopf behalten. Viele davon zeugen von dem Wunsch, die eigene Angst zu überwinden oder innere Dämonen zu besiegen. Bei anderen geht es darum, Schutz zu erbitten für die Familie und das Haus oder man will die Seelen der Verstorbenen gütig stimmen und um Unterstützung für künftige Vorhaben bitten.

DIE KRAFT DER RITUALE

Wir sind bereits mit dem Wesen der Rituale in Berührung gekommen und haben erfahren, dass es sich bei Ritualen immer um feierliche Zeremonielle handelt. Diese werden mit tiefer Achtsamkeit und Ehrfurcht nach einem gleichbleibenden Ablauf und Handlungsschema durchgeführt. Seit Menschengedenken sind Rituale kraftvolle Handlungen, oft auch unter dem Einfluss höherer Kräfte, die meistens einen großen Symbolcharakter aufweisen. Dabei können auch wir selbst Schöpfer dieses Schemas sein und uns ein eigenes Ritual überlegen. Ein kleines Ritual wäre bereits, sich allabendlich eine Kerze anzuzünden, die Geschehnisse des Tages noch einmal bewusst vor Augen zu führen und in Frieden damit abzuschließen. Typische Rituale für die Rauhnachtszeit finden wir im Brauch des Räucherns oder in dem Versuch, durch Orakel etwas über die Zukunft zu erfahren oder mit der jenseitigen Welt in Verbindung zu treten. Diese Rituale haben ihre Wurzeln tief im alten Volksglauben und stehen unmittelbar mit den Sagen und Mythen desselben in Verbindung. Wir verkennen die alten Rituale und Bräuche, wenn wir sie als bloßen veralteten Aberglauben abtun. Jedem Brauch liegen ein tiefer Glaube und heiliger Wunsch zugrunde, die wir vielleicht in unserer modernen Welt nicht mehr ohne weiteres nachvollziehen können.

VORBEREITUNGEN

Ein Ritual sollte nie aus einer erzwungenen Stimmung heraus begonnen werden. Man sollte den tiefen, inneren Wunsch verspüren, genau in diesem Moment mit den Alltagsgewohnheiten zu brechen, zur Ruhe zu kommen und für einen Moment alle Sorgen, Ängste und Belastungen beiseitezulegen. Erst wenn diese tiefe Ruhe eingetreten ist, können die Vorbereitungen für den

Beginn des Rituals in die Tat umgesetzt werden. Sobald wir mit einer positiven und ruhigen Grundstimmung an die weiteren Handlungen herantreten, wird sich als wechselseitige Wirkung das Ritual auch beruhigend und reinigend auf uns auswirken.

Zudem bietet es sich an, bereits im Vorfeld zu überlegen, was man am Ende für sich mitnehmen möchte. So könnte man eventuelle drängende Fragestellungen, auf die man sich eine Antwort zu finden erhofft, bereits notieren, um diese nicht aus dem Blick zu verlieren. Auch konkrete Wünsche oder Ziele können auf diese Weise festgehalten werden.

EIN RITUAL FÜR SICH SELBST FINDEN

Ebenso sollte man bei der Auswahl des geeigneten Rituals für sich selbst völlig frei von Zwängen sein und den eigenen Vorlieben nachspüren. Vielleicht bevorzugt der eine eine eher spirituelle Herangehensweise, während für den anderen ein täglicher Abendspaziergang zu einem bestimmten Kraft- oder Ruheort ausreichend ist. Lediglich Beginn und Ende des Rituals sollten immer von einem gleichen Rahmen umgrenzt sein. So kann zum Beispiel zu Beginn eine Kerze entzündet werden und man konzentriert sich für wenige Minuten ausschließlich auf den Schein der Flamme, um sich auf das bevorstehende Ritual einzustimmen. Nach Beendigung löscht man die Kerze wieder aus und findet vielleicht kurze Sätze der Dankbarkeit für die jeweiligen Kräfte, die uns begleiten und beschützen.

EINEN KLEINEN ALTAR EINRICHTEN

Das Entzünden und Löschen der Kerze kann ebenso an einem kleinen Altar durchgeführt werden, den man vielleicht ohnehin schon im Haus stehen hat oder extra für diesen Zweck errichtet. Auch hierbei sind der eigenen Kreativität keine Grenzen gesetzt. Der Altar kann nach Belieben geschmückt und vielleicht mit Bildern der persönlichen Lieblings- und Schutzheiligen ausgestattet werden. Genauso kann man den Altar aber als eine Art »Gedenkplatz« für die Ahnen gestalten und darauf Bilder und Erinnerungsgegenstände an verstorbene Verwandte und Bekannte platzieren, die noch immer einen tiefen

Platz im Herzen haben. In vielen Gegenden Süddeutschlands und Österreichs war diese Form des Ahnengedenkens, vor allem während der Rauhnachtstage, sehr präsent und wurde ausgiebig zelebriert. Dort wurden zu diesen Tagen spezielle Räumlichkeiten hergerichtet, geschmückt und sogar mit üppigen Speisen und frisch bezogenen Betten ausgestattet, um die Verstorbenen noch einmal im Kreise der Familie willkommen zu heißen. Auf diese Art kann auch unser Altar oder das Ahnentischlein liebevoll geschmückt und dekoriert werden. Hierbei kann eine schöne Tischdecke zum Einsatz kommen, auf welcher alles, was passend erscheint, ausgebreitet wird. Weihnachtsschmuck eignet sich genauso wie eigene Basteleien, Kristalle oder einfach Dinge, die wir selbst in der Natur gefunden haben: Steine mit einer besonderen Form, Geweihstücke, Moos, Tannenzweige oder was uns auch immer spontan anspricht. Ist nun dieser Altar entstanden, kann man sich immer wieder von ihm einladen lassen, das Ritual an ihm zu beginnen, die Kerze zu entzünden und die Gedanken kurz bei den Verstorbenen verweilen zu lassen. Vielleicht gibt uns das ja das Gefühl, sie würden uns ein Stück bei der weiteren Durchführung begleiten. Sicherlich wird es aber unsere eigenen Erinnerungen an die verstorbenen Menschen wieder aufleben lassen und unseren Geist für die Wirklichkeit öffnen, die jenseits der gerade wahrgenommenen Gegenwart liegt.

SAMMELN IN DER NATUR

Sowohl als Möglichkeit unseren Altar oder unser Ahnentischchen zu gestalten als auch als Ritual selbst, kann das Sammeln in der Natur dienen. Dabei geht es vor allem darum, mit achtsamen Augen durch unsere Umwelt zu gehen und die Gedanken auf das Hier und Jetzt zu konzentrieren. So kann man bei Spaziergängen in der näheren Umgebung vielerlei kleine Schätze auflesen und als Erinnerungsstücke mit nach Hause bringen. Das können außergewöhnlich geformte Steine und Handschmeichler sein, ungewöhnliche Ast- und Rindenstücke oder was einem sonst spontan in den Blick fällt. Dies ist übrigens auch ein wunderschönes Ritual für Kinder. Ein täglicher Spaziergang wird damit interessant gestaltet und man nimmt etwas von den Geschenken der Natur mit nach Hause. Zu Hause kann man die Fundstücke dann mit kleinen Zettelchen versehen, auf denen Fundort und Datum vermerkt sind. So wird man sich beim Auspacken und Dekorieren in den Folgejahren immer an die Situation des Fundtages zurückerinnern. Außer zum Dekorieren kann man die gefundenen Objekte natürlich auch zum Basteln oder als kleine Geschenke verwenden. Dieses Ritual muss auch nicht auf die Zeit der Rauhnächte begrenzt werden. Die Fülle der Natur bietet an, dass man auf diese Art das ganze Jahr tätig wird und immer neue Schätze, den Jahreszeiten entsprechend, entdeckt.

Ebenso kann ein täglicher, zum Ritual gewordener Spaziergang uns immer wieder an einen besonderen Kraftort führen, an dem wir kurz innehalten, zur Ruhe kommen und uns besinnen. Dabei muss es sich um keinen spektakulären oder öffentlich als Kraftort bezeichneten Platz handeln. Es kann gar sein, dass man einen so bezeichneten Ort aufsucht und gar nichts wahrnimmt oder empfindet. Oft gibt es auch Orte, an denen eine besondere Stimmung vorherrscht und zu denen man eine unerklärlich starke, persönliche Bindung verspürt, fast wie eine leise Erinnerung, als hätten wir zu einer anderen Zeit schon einmal viele Stunden dort verbracht. Diese Orte finden wir oft intuitiv, es ist kein gezieltes Suchen notwendig. Dabei kann es sich um einen gewöhnlichen Baum handeln, in dessen Schatten wir uns geborgen fühlen, oder um eine Stelle an einem Bachufer, an der wir dem Plätschern des Wassers lauschen. Ein persönlicher Kraftort ist immer ein Ort, an dem wir uns sicher und geborgen, im Frieden mit uns selbst und in völligem Einklang mit der Natur und dem Wissensschatz der Ahnen fühlen. Auch das Ritual des Kraftort-Aufsuchens ist eng

angelehnt an die Traditionen unserer Vorväter. Vor allem zu den Zeiten der Naturreligionen wurden allerlei Zeremonien und Rituale an festgelegten Plätzen in der Natur, denen eine besondere Kraft zugeschrieben wurde, abgehalten. Aber auch für unsere näheren Vorfahren hatten ansprechende Plätze in der Natur noch eine ganz besondere Bedeutung. So dienen als Zeugen dafür auch heute noch Wegkreuze oder kleine Kapellen, die unter einem schön gewachsenen Baum oder an einem Aussichtspunkt angebracht sind.

DIE NATUR BEWUSST WAHRNEHMEN

Dabei handelt es sich um ein Ritual, das sich auf den ersten Blick relativ einfach liest und bei dem man sich vielleicht direkt denken mag: »Nichts leichter als das«. Bei der Umsetzung werden wir allerdings schnell feststellen, dass es gar nicht so leicht ist, seine uneingeschränkte Aufmerksamkeit und all seine Gedanken auf die Natur zu lenken. Für dieses Ritual empfiehlt es sich, einen ruhigen Platz in schöner Umgebung aufzusuchen. Das mag ein Stein an einem Bachlauf sein oder eine Bank, von der aus man den verschneiten Wald überblicken kann. Auch hier kann erneut der Kraftort eine Rolle spielen. Wir schließen nun die Augen und richten unsere ganze Aufmerksamkeit auf die Klangwelt, die uns umgibt. Dabei sollten die Gedanken so weit wie möglich zum Stillstand kommen. Wir konzentrieren uns nur darauf, was von außen in unsere Gedankenwelt eindringt. Vielleicht das leise Rauschen des Windes, das Plätschern eines Baches oder das entfernte Rascheln eines Vogels oder eines anderen Waldtieres? Dann öffnen wir wieder die Augen und versuchen, den Ursprung der Geräusche zu erblicken, welche wir eben erlauscht haben. Wir blicken in die Kronen der Bäume, durch die der Wind sanft streicht. Wir erkennen verschiedene Tierspuren im Schnee und sehen den Bach, der leise neben uns raunt. Bei diesem Ritual geht es um ein bewusstes Sehen und Wahrnehmen der Schönheit, die uns alltäglich umgibt. Natürlich ist es in der Stadt schwieriger, solche Orte zu finden, aber selbst in einem kleinen Park kann man vieles entdecken, was das Herz mit Freude erfüllt. All diese kleinen Eindrücke, die unsere Seele berühren, die wir aber im Alltag viel zu leicht übersehen, können wir gebündelt in uns aufnehmen und auch in stressigen Situationen immer wieder abrufen. Auf diese Art werden viele bleibende Erinnerungen geschaffen, die wir unser Leben lang im Herzen tragen. Es wird einmal der Moment kommen, an dem nicht mehr von Bedeutung ist, wieviel wir erarbeitet oder was wir gekauft haben, sondern wie oft wir Zeit in der Natur bewusst genossen haben, einen Sonnenuntergang beobachtet, in den Sternenhimmel geschaut oder dem Rauschen der Bäume gelauscht haben.

DANKBAR SEIN

Ein weiteres sehr einfaches Ritual, das sich täglich ohne größere Vorbereitungen durchführen lässt, ist das »Dankbarkeitsritual«. Am besten legt man die Durchführung in die Abendstunden, zündet wieder die Kerze am Altar an und lässt seine Gedanken zu den verflossenen Stunden des Tages schweifen. Dann führt man sich ganz gezielt vor Augen, wofür man an diesem Tag dankbar war und was einem das Herz erwärmt hat. Es ist erstaunlich, wie viele Kleinigkeiten uns dabei einfallen werden, denen man im Laufe des Tages keine Beachtung geschenkt hat, oder die von den alltäglichen Ärgernissen sofort überdeckt wurden. Hier geht es auch gar nicht um die großen Themenkomplexe wie Gesundheit oder die Anwesenheit lieber Menschen in unserem Leben, sondern tatsächlich nur um die täglichen, kleinen Freudenereignisse. Das kann das nette Lächeln oder eine hilfsbereite Reaktion eines Mitmenschen gewesen sein, es kann ein besonderes Tier gewesen sein, dem man begegnet ist, oder etwas, was man neu in der Natur entdeckt hat. Notiert man all dies täglich, oder zumindest während der Zeit der Rauhnächte, in ein kleines Büchlein, ergibt sich ein ganz persönlicher Schatz, den man immer wieder mit Freude lesen kann. Er führt uns zu jeder Zeit vor Augen, dass das Leben immer mit so viel mehr positiven Momenten aufwartet, als wir manchmal wahrnehmen können.

VERGANGENES RUHEN LASSEN UND BEREIT FÜR NEUES SEIN

Als Ritualvorbereitung wurde bereits empfohlen, eine Rückschau über das vergangene Jahr zu halten und einschneidende Ereignisse noch einmal vor dem inneren Auge vorbeiziehen zu lassen. Dieses Vorhaben kann noch einmal erweitert werden. In die Rückschau können auch Ereignisse aus der Vergangenheit einfließen, die uns noch immer sehr beschäftigen oder grämen. Wir haben zu diesem Zeitpunkt begriffen, dass alles aus einem gewissen Grund passiert und uns der große Plan Gottes oft erst mit viel Abstand zu den Geschehnissen begreifbar wird. Auf diese Art verstehen wir, dass alles, was geschehen ist, zu uns gehört und uns aber dennoch nicht mehr jeden Tag berühren muss. Das Vergangene ist aus einem gewissen Grund geschehen und das Neue wird sich sinnvoll in den Gesamtplan fügen.

LOSLASSEN

Deswegen kann auch das Loslassen ein sehr sinnvolles und, für die weitere Entfaltung der Seele, nützliches Ritual sein. Wir kommen wieder am Altar zur Ruhe, entzünden die Kerze und rufen uns bewusst eine Situation in Erinnerung, die in uns schmerzliche Gefühle auslöst. Das kann zum Beispiel der Schmerz oder das Unverständnis über das Ende einer wichtigen Beziehung sein. Führt man sich nun aber die schönen Momente vor Augen und vielleicht die positiven Wandlungen, die man selbst während dieser Zeit erfahren hat, merkt man, dass man ohne Gram loslassen kann. Man kann die Erinnerungen an diese Zeit metaphorisch in eine kleine Kiste packen und diese in Gedanken ganz weit oben in einer Ecke des Dachbodens verstauen. Es besteht nun keine Notwendigkeit mehr, täglich darin herumzukramen. Nur wenn alte Erfahrungen aufgeräumt sind, ist unser Geist kräftig und frei genug, um neue wunderbare Erlebnisse zu erfahren und weiter zu wachsen.
Da wir alle viel zu oft alte Belastungen in uns tragen oder dauerhaft über Vergangenes sinnieren, soll im Folgenden ein kleines Beispiel für ein Ritual zu diesem Themenkreis angeführt werden. Natürlich kann dieses Ritual variabel umgestaltet und an die jeweilige persönliche Situation angepasst werden.

- In einem ersten Schritt suchen wir wieder unseren Ruheraum oder den kleinen Altar auf und setzen uns in Stille davor. Diese Stille lassen wir auch in unser Inneres einkehren und machen uns bewusst, was uns in unserem Leben eventuell blockiert oder viele Gedanken in die Vergangenheit zieht.
- Vor unserem inneren Auge lassen wir die betreffende Zeitspanne noch einmal Revue passieren. Dabei kann es sich zum Beispiel um die Zeit einer Beziehung handeln, die unser gegenwärtiges Leben nicht mehr berühren soll. Wichtig ist, dass dieser Rückblick ohne schädliche Emotionen wie Wut oder Hass geschieht. Wie in einem Film gehen wir gedanklich die Geschehnisse noch einmal durch.

- In einem nächsten Schritt werden wir uns der Distanz bewusst, die zwischen jenem Erlebten und unserem jetzigen Leben liegt. Aus dieser Distanz heraus fällt es viel leichter, die Geschehnisse neutral zu betrachten. Wir können nun verstehen, dass in unserem Lebensplan nicht nur Glück und positive Ereignisse eine Rolle spielen, sondern oft das Schmerzhafte oder die Trauer den Reifeprozess der Seele um ein vielfaches schneller vorantreiben.
- Zugleich können wir aber auch auf die glücklichen Momente und die guten Erfahrungen aus dieser Zeitspanne zurückblicken und sie von nun an ohne wehmütiges Empfinden zu unserem Erinnerungsschatz zählen.
- Wenn wir erkennen, dass alle Erfahrungen, das große Glück und die tiefe Trauer genauso wie Momente, die das Herz mit Freude erfüllen oder die uns in tiefe Verzweiflung stürzen, unabdingbar zu unserem Leben gehören und uns ein Stück näher zu Gott bringen, können wir ohne Groll und nachtragende Gefühle mit Personen oder Situationen abschließen und frei und unbelastet in die Zukunft blicken.
- Nachdem dieser Prozess der Erkenntnis abgeschlossen ist, brauchen wir nun etwas, das das Vergangene symbolisiert. Das kann ein Gegenstand sein, der damit in Bezug steht, ein Erinnerungsstück aus dieser Zeit oder einfach ein kleines Brieflein mit einer Zusammenfassung der Geschehnisse oder auch nur mit einem Namen.
- Wir entzünden nun zu unserer linken Seite eine Kerze und legen den gewählten Gegenstand dort ab.
- Nun nehmen wir in unsere rechte Hand einen Gegenstand, den wir mit etwas Positivem verbinden. Dies kann ein Kuscheltier aus der Kindheit sein oder ein Stein, den wir gesammelt haben oder etwas anderes dieser Art.
- Nun blicken wir diesen Gegenstand an und lenken unsere ganze Gedankenkraft auf positive Herzenswünsche, welche sich in der Zukunft einstellen sollten. Hierbei geht es weniger um materielle Dinge, als um Dinge, die die Seele berühren, zum Beispiel eine neue Liebe oder eine echte Freundschaft.
- Unser gewählter Gegenstand wird nun rechts von uns abgelegt und neben ihm eine zweite Kerze angezündet.
- Zwischen den beiden Kerzen und den symbolhaften Gegenständen für die Vergangenheit und die Zukunft können wir nun ein kleines Gefäß mit einer Räuchermischung entzünden.

- Wir wenden uns zuerst der linken Seite zu und machen uns bewusst, dass nun endgültig der Moment des Loslassens kommt. In Gedanken können wir noch einmal für die schönen Momente oder die lehrreichen Erfahrungen danken und ein paar Worte des Abschiedes finden. Dann blasen wir die linke Kerze aus.
- In einem kurzen Moment des Innehaltens wird deutlich, dass wir uns nun an einem Schwellenmoment befinden, den das Räuchergefäß in der Mitte symbolisiert. Das Alte liegt hinter uns, aber das Künftige liegt noch verschleiert in der Zukunft. Das ist ein Moment, wie ihn auch die Rauhnächte im Jahreslauf symbolisieren. Das alte Jahr ist vorbei und abgeschlossen, die Schwelle zum neuen Jahr ist betreten, aber noch nicht überschritten. Noch können wir nur erahnen, welches Glück und welche positiven Erlebnisse und Erfahrungen auf uns warten werden. Ganz im Gefühl dieser Vorfreude auf alles Kommende pusten wir nun die rechte Kerze aus. Wir können ein tiefes Gefühl der Leichtigkeit und Lebensfreude aus diesem Ritual mit uns nehmen. Letztendlich wird alles gut werden und viele glückliche Momente warten nur darauf, erlebt zu werden.

Dieses Ritual kann ebenfalls in ein Ritual des Verzeihens umgewandelt werden, wenn man sich während seines Verlaufes bewusst wurde, dass alles aus einem Grund geschah und uns in unserem Lebensplan weitergebracht hat.

DAS RITUAL DES VERZEIHENS

Genauso verhält es sich mit dem Gram, den wir eventuell gewissen Personen gegenüber hegen und der aus einer lange zurückliegenden Kränkung hervorgegangen ist. Es schadet nur, diesen Kummer, oder im schlimmsten Fall sogar den Zorn, weiter in sich zu tragen. Die Rauhnächte eignen sich auch wunderbar, um Lasten dieser Art abzuwerfen und seine Energie nicht weiter mit negativen Gefühlen zu vergeuden. Wir ziehen uns wieder bewusst in unser innerstes Empfinden zurück und denken uns aus tiefstem Herzen »ich verzeihe dir«. Schon dabei wird man merken, wie einem selbst leichter ums Herz wird. Verzeihen ist neben Lieben eine der größten Fähigkeiten, die der Mensch aufbringen kann und die einem selbst genauso viel zurückgibt. Noch leichter ist es, wenn einem der andere einen Schritt entgegen kommt. Ein liebes Wort der Entschuldigung, ein Kuss oder eine Umarmung, die von Herzen kommt, können alles Böse wieder gut machen. Niemals sollte man diese negativen Gefühle des Hasses und des Nachtragens Jahr ein Jahr aus mit sich herumtragen. Sie bringen nichts Gutes und hindern uns daran, wertvolle Momente mit Menschen, die uns am Herzen liegen, bewusst zu empfinden. So kann es auch zum Ritual des Verzeihens gehören, Zeit zu finden, um miteinander ins Gespräch zu kommen, die Beweggründe des anderen vielleicht neu zu verstehen und zum Abschluss eine Umarmung zu verschenken, die dem anderen versichert: Es ist alles wieder gut, ich trage dir nichts mehr nach.

WÜNSCHE UND ZIELE FORMULIEREN

Ebenso wie positive oder negative Gedanken eine gewisse Kraft auf unser Denken und Handeln ausüben und somit unbewusst unsere Zukunft mitgestalten, so kann auch das intensive Fokussieren auf bestimmte Ziele oder das Aussprechen unserer innigsten Wünsche eine Auswirkung auf den weiteren Verlauf unseres Lebens haben. Bei diesen Wünschen sollte es sich allerdings nicht um oberflächlich-materielle Wünsche, sondern um tiefste, innere Herzenswünsche handeln. Wir nutzen wieder unseren kleinen Altar, um zur Ruhe zu kommen und konzentrieren uns mit ganzer Kraft auf einen lange gehegten Wunsch. Dabei führen wir uns vielleicht die Schritte vor Augen, die zu dessen Erfüllung notwendig wären und verdeutlichen uns, dass sich der Weg zwar über einen gewissen Zeitraum erstrecken kann, grundsätzlich die Erfüllung aber nicht unmöglich ist. Der Glaube daran, dass der Wunsch tatsächlich wahr werden könnte, ist schon ein großer Schritt in Richtung dessen Erfüllung. Man kann diesen Wunsch auch auf einen Zettel schreiben und ihn in einer kleinen Feuerschale verbrennen oder man spricht ihn einfach laut aus. Die Kraft des Wünschens wird viel zu oft unterschätzt. Stattdessen versteigen wir uns lieber in negative und demotivierende Gedanken. Letztendlich färbt alles auf uns ab, das Positive aber leider auch das Negative. Selbst wenn also der Wunsch nach diesem Ritual nicht unmittelbar in Erfüllung geht, sind wir doch durchdrungen von dem positiven Gefühl und der glücklichen Vision, die mit der Erfüllung in Zusammenhang steht.

Geht ein Herzenswunsch in Erfüllung, sollte man dafür auch Dankbarkeit empfinden und zulassen können. Im Leben unserer Ahnen war diese Dankbarkeit selbstverständlich. Viele alte »Bildstöckel« und andere Votivgaben in den Kirchen und Kapellen zeugen auch heute noch von dieser tief empfundenen Dankbarkeit. Dabei war es auch damals schon von höchster Wichtigkeit, dass der Wunsch nicht aus einem egoistischen Begehren heraus entsteht, sondern tief im Herzen gereift ist. Er darf auch nicht zu Lasten einer anderen Person gestellt werden, welche dabei verwünscht wird oder durch die Erfüllung zu Schaden kommen könnte.

Brauchtum: Votivgaben oder Votive (lt. »vovere« = »geloben«) sind Gegenstände, die nach der Errettung aus einer persönlichen Notlage oder nach dem Auskurieren einer schweren Krankheit als symbolische Opfergabe einer überirdischen, göttlichen Macht öffentlich dargebracht werden. Im Christentum wurden oft reich geschmückte Bilder oder figürliche Darstellungen als Dankerweisungen in Kapellen, Kirchen und vor allem an Wallfahrtsorten aufgehängt oder -gestellt. Je näher der Gegenstand dabei an dem jeweiligen Gnadenbild stand oder hing, desto größer war die Dankbarkeit des Überbringers.

SCHUTZRITUAL

Unsere Gedankenwelt trägt sehr viel zu unserem persönlichen Wohlbefinden bei. Oft kann es uns schon dabei helfen, uns positiver und gestärkter zu fühlen, wenn wir ein kleines Schutzritual durchführen. Hierfür ist wieder die Kraft der Gedanken entscheidend. Wir entzünden eine Kerze, eventuell kann man auch eine Räuchermischung entfachen, Johanniskraut zum Beispiel wirkt schutz- und kraftspendend. Wir beobachten die Kerzenflamme und nehmen das warme, goldene Licht in uns auf. Mit diesem Licht verbinden wir Glück und Segen. Wir schließen nun die Augen und spüren in Gedanken, wie uns das Licht komplett umhüllt. Wie ein Mantel schließt es sich um unseren Körper. Dieses imaginäre Licht kann auch auf einen Gegenstand übertragen werden, der auf diese Art am Altar geweiht wird. Dabei kann es sich wieder um einen schönen Stein handeln oder aber um etwas anderes, was mit einer persönlichen Bedeutung behangen ist. Wird dieser Gegenstand nun in der weihevollen Stimmung der Rauhnächte mit einem besonderen Schutzeswunsch bedacht, kann er von nun ab immer, oder bei besonderen Situationen, zum Beispiel bei Prüfungen, mit sich getragen werden.

Brauchtum: Verschiedene Schutzrituale, zum Beispiel Schutzformeln oder andere Schutzzauber erfreuten sich auch bei unseren Vorfahren großer Beliebtheit. Der Grundgedanke dabei war, dass man sich mit etwas Greifbarem, zum Beispiel einem Zettel oder einem Amulett mit einer kurzen Schutzformel gegen das Unbegreifliche und gegen die dämonischen Mächte absichern konnte.

RUHE IM GEBET FINDEN

Ein sehr leicht umzusetzendes Ritual ist das regelmäßige Gebet. Hierfür sind keine besonderen Rahmenbedingungen notwendig. Unsere Urahnen suchten die Zwiesprache mit den Göttern oft an heiligen und stimmungsintensiven Plätzen wie Quellen und Hainen. Später betete man gemeinschaftlich in den Kirchen und Kapellen oder mit der Familie zu Hause an einem Hausaltar oder unter dem Herrgottswinkel. Welchen Platz auch immer man für die Zwiesprache mit Gott wählt, wichtig ist auch hier nur, dass man dabei zur Ruhe kommen kann und ein tiefes Wohlgefühl und Urvertrauen empfindet.

SCHLECHTES AUS DEM LEBEN VERBANNEN

Neben den frommen Gebeten und liebevollen Zwiegesprächen mit Gott spielten im ländlichen Volksglauben auch Bannsprüche oder -symbole eine große Rolle. Bannsprüche waren gewissermaßen uralte Zaubersprüche, welche nur innerhalb der eigenen Familie weitergegeben wurden. Diese Weitergabe erfolgte nach einem strengen Regelwerk: Der Übergeber musste immer der Ältere sein und der Spruch musste »übers Kreuz«, also an eine Person des anderen Geschlechts, überliefert werden. So konnte zum Beispiel der Vater die Bannsprüche der Familie an die Tochter weitergeben. Wurde ein Dritter Zeuge dieses Vorganges oder bekam er den Spruch auf eine andere Weise mit, wurde der Zauber auf der Stelle wirkungslos oder richtete sich gegen die ursprünglichen Wisser. Neben den Bannsprüchen gab es auch gewisse Symbolik, die, über Haus- und Stalltür eingeritzt oder angebracht, schlechte Geister, Krankheiten und Flüche von Mensch und Tier fernhielten. Bekannte Bannsymbole sind zum Beispiel in Balken eingekerbte Pentagramme oder über der Haustür angenagelte Hirschgeweihe, um Hexen und Dämonen am Eintreten zu hindern.

Brauchtum: »Bannbüchlein« waren Beschwörungsbücher, die Sprüche und Mittel zum Stellen von Dieben, zum Unschädlichmachen von Hexen und Dämonen aber auch von reißenden Tieren und allerlei anderem Übel enthielten. Um das Büchlein bannkräftig werden zu lassen, legte man es unbemerkt und versteckt auf einen Altar, an dem ein neugeweihter Priester, ein Primiziant, seine erste Messe feiert.

DAS EIGENE HERZ ÖFFNEN

Unser Herz ist das höchste Gut, das wir im Leben besitzen. Es tut gut, sich von Zeit zu Zeit auf die Kraft zu konzentrieren, die wir in unserem Inneren empfinden und zugleich auch nach außen aussenden können. Das eigene Herz sollte stets offen für kleine Wunder sein, berührende Erlebnisse, neue Freundschaften und andere Momente, die es zum Klingen bringen. Man kann sich in einem kleinen Ritual immer wieder dazu ermahnen, stets mit offenem Herzen durchs Leben zu gehen und gleichermaßen schlechte Gefühle wie Zweifel und Unsicherheiten, die die Kraft des Herzens mindern, bewusst aus dem Denken verbannen.

EIN EIGENES RITUAL KREIEREN

Bei den vorangegangenen Beispielen handelt es sich um Vorschläge, in welchen Bereichen man Rituale ansetzen oder wie man sie durchführen kann. Natürlich kann man auch hier seiner Kreativität freien Lauf lassen und sich ein eigenes Ritual überlegen. Letztendlich kommt es nur darauf an, dass das Ritual einer gewissen Struktur unterliegt und die Regelmäßigkeit der Durchführung eingehalten wird. So kann man sich zu Beginn überlegen, welchem Zweck das Ritual dienen soll und welches Ergebnis man sich davon erhofft. In den zwölf Rauhnächten, deren jede einzelne für einen der kommenden zwölf Monate steht, bietet es sich an, an jedem Tag eine gewisse Stunde zu wählen, um zur Ruhe zu kommen, mit Altem abzuschließen und einen Ausblick in die Zukunft zu erhalten. Genauso wurde es auch in alten Tagen gemacht. Bei der Durchführung eines Rituals stehen wir also immer auch an der Spitze einer langen Tradition und können einmal mehr die starke Verbindung zu dem, was vor uns gewesen ist, verspüren.

So können die Rauhnächte gleichsam als Bindeglied zur Vergangenheit, aber auch als klar definierter Abschluss und Beginn für etwas Neues stehen. Man kann sich einen eigenen, persönlichen Ablauf gestalten, der jeden Tag aufs Neue wiederholt wird.

Sich wiederholende Elemente der Rituale, welche mit den entsprechenden Themen kombiniert werden, können sein:

- An einem Ort, welcher mit einem Wohlgefühl verbunden ist, zur Ruhe kommen.
- Innerlich still werden und die ganze Wahrnehmung auf den Moment lenken.
- Eine Kerze entzünden.
- Eine Räuchermischung entfachen.
- Sich ein Thema oder eine Fragestellung für den jeweiligen Tag überlegen.
- Ein Orakel der Wahl befragen.
- Die Kerze und das Räuchergefäß zum Erlöschen bringen, die gewonnenen Erkenntnisse oder Gedanken, die einem in den Kopf kommen, in einem kleinen Büchlein notieren und die Ruhe bewusst für den Rest des Tages in sich tragen.

Das Ritual des Räucherns

»Wenn ich mit Liebe die alte Zeit erforsche und schildere,
so ist es nicht, daß ich sie der Jetztzeit aufzwingen möchte,
die eine materielle Richtung hat.
Nur wissen soll sie, daß es hinterm Berg auch Leute gab,
daß eine andere Zeit auch Schönes hatte.«

LUDWIG UHLAND

ÜBER DEN HEILIGEN UND URALTEN BRAUCH DES RÄUCHERNS

Im Begriff der Rauhnächte verbirgt sich zugleich das Wort »Rauch«. Seit ewigen Zeiten sind Rauch und Rauhnächte untrennbar miteinander verbunden. Genauso wie der Brauch des Räucherns ist die Faszination um das uralte Kräuterwissen mit dem Element des Feuers, das in den dunklen Wintertagen Licht und Wärme schenkt, untrennbar verbunden. Schon immer hat das Phänomen des Feuers die Menschen fasziniert. Es hat sie einerseits am Leben erhalten, andererseits konnte es aber auch als vernichtende Kraft wirken, die Altes zerstört und Raum für Neues schafft. Zu allen Zeiten war die Feuerstelle oder später der Kamin ein wichtiger Kultplatz in der Behausung der Menschen. Noch wenige Generationen zurückliegend hatte die Feuerstelle eine zentrale Bedeutung im Alltags- aber auch Brauchtumsleben der Menschen. So war es immer Aufgabe der Frauen, das Feuer zu Hüten und vor dem Erlöschen zu schützen. Auch gab es allerlei alte Beschwörungsformeln, welche unmittelbar mit der Feuer- oder Herdstelle in Verbindung standen. So wurden als Schutz vor Unwetter und Blitzeinschlag verschiedene Kräuter ins Feuer geworfen, um allen Schaden von Haus und Hof abzuwenden. Viele der alten Beschwörungsformeln und -rituale sind leider mittlerweile in Vergessenheit geraten. Erhalten hat sich aber der Brauch des Entzündens bestimmter Kräuter oder Harze. Hier soll das Feuer als vernichtende, aber auch als umwandelnde Kraft wirken. Es zerstört eine vorhandene Lebensform, um etwas Neues zu erwecken. Aus dem uralten Kult der Feuerbestattungen ist der Glaube bekannt, dass das Feuer die sterbliche Hülle vernichtet und die Seele eines Lebewesens freigibt. Im übertragenen Sinn kann dies auch auf die verschiedenen Räuchertechniken angewandt werden. Die »Seele« oder tiefere Wirkungsweise einer bestimmten Pflanze oder eines Harzes wird durch die Verbrennung freigegeben und kann sich auf diese Art im ganzen Raum entfalten. Dieses Ritual folgt gleichfalls einer langen Tradition. Bereits zur Zeit der Kelten verfügte man über ein ausgeprägtes Pflanzen- und Kräuterwissen. Vor allem Druiden und Priestern wurde die Aufgabe übertragen, die vollständige Wirkungsweise der einzelnen Kräuter durch das Entzünden zu entfachen. Zu dieser Zeit galt der sich entfaltende Rauch immer auch als eine Botschaft an die Götter, die gewisse Zeremonielle begleitete. Auch in späteren Jahrhunderten lässt sich der Brauch des Räucherns immer wieder entdecken und wurde zumeist zu medizinischen und heilkundlichen Zwecken verwendet. Und selbst noch für unsere Großelterngeneration war das Räuchern an bestimmten Tagen im Jahreslauf und vor allem zur Rauhnachtszeit eines der wichtigsten Elemente der Feier- und Ritengestaltung. So galt das Räuchern stets auch als Möglichkeit, den eigenen Körper, den Geist oder die Behausung zu reinigen und von schlechten Einflüssen der Vergangenheit zu befreien. Zugleich wurde dem Rauch ein gewisser Schutzmechanismus zugesprochen und ungute Geister oder Stimmungen konnten auf diese Art ferngehalten werden. Wir verbinden uns also mit einer sehr alten und weit verbreiteten Tradition, wenn wir uns dem Brauch des Räucherns widmen.

Brauchtum: Der Kamin oder die Feuerstelle nahmen seit jeher einen zentralen Platz in den Behausungen der Menschen ein. Vielerlei Orakel und rituelle Handlungen sind mit diesen Plätzen im Haus verbunden. Vielfach gibt der Blick in den Kamin oder in den Schornstein einen Einblick in die Zukunft. Eng damit verbunden ist auch der Glaube, dass man durch das

Verbrennen mancher Gegenstände und Kräuter im Kamin auch Schlechtes aus seinem Leben verbannen kann, gleichsam mit dem Aufsteigen des Rauches durch den Schornstein. Der Kamin kann auch eine Mittelsfunktion zur jenseitigen Welt darstellen. So können durch ihn die Seelen der Toten entfliehen. Andersherum können aber auch die Geister der Anderswelt Zugang zum Haus erhalten. Es empfiehlt sich also, gewisse Schutzzeichen an den Balken über dem Kamin anzubringen.

VERSCHIEDENE RÄUCHERTECHNIKEN

Allen Räuchertechniken liegt der Vorgang zugrunde, pflanzliche Substanzen wie Kräuter, Blüten, Hölzer, Harze oder Wurzeln zu entzünden und durch Verglühenlassen eine Rauchentwicklung zu erzeugen. Der jeweilige pflanzliche Wirkstoff kann sich auf diese Weise auf geheimnisvolle Art im ganzen Haus verbreiten und erinnert uns an die Kraft des Verborgenen und Unsichtbaren und der Verwandlung. Während des Räuchervorgangs entfaltet die Pflanzenseele ihre ganze Kraft und wirkt beruhigend und reinigend auf uns und unsere Umgebung. Sie versetzt uns, kombiniert mit dem archaischen Duft der glimmenden Kohle, in alte Tage zurück. Die dadurch erzeugte weihevolle Stimmung passt wunderbar in die Zeit der Rauhnächte. Sie schafft auch heute noch ein geeignetes Ambiente für die verschiedenen Rituale und Orakel und stellt die Verbindung mit unseren Ahnen auf magische Weise wieder her. Um diesen Effekt zu erzielen, stehen verschiedene Möglichkeiten zur Verfügung. Grundsätzlich ist nur ein Minimum an Vorbereitung und Ausrüstung nötig: Neben den Harzen und Kräutern werden eine feuerfeste Schale sowie ein paar Stück Kohle und etwas Sand als Bodensatz benötigt. Alle Räuchertechniken sollten immer mit großer Sorgfalt und unter Beachtung der notwendigen Sicherheitshinweise ausgeübt werden. Zudem ist es empfehlenswert, es unseren Vorfahren, die den Brauch des Räucherns als heilige und würdevolle Zeremonie ansahen und in großer Stille begingen, gleichzutun und während des gesamten Rituals zu schweigen sowie eine gewisse Ehrfurcht aufzuwenden.

Als Grundlage für den eigentlichen Räuchervorgang dienen Kräuter, welche über das Jahr hinweg gesammelt werden oder Räuchermischungen, welche bereits fertig erworben werden können.

Mit etwas Hintergrundwissen im Bereich der Pflanzen- und Kräuterkunde kann man das ganze Jahr über Blüten, Blätter und Wurzeln sammeln. Es empfiehlt sich, ein Bestimmungsbuch zur Hand zu haben, um alle Pflanzen einwandfrei identifizieren zu können und nicht versehentlich etwas Falsches oder gar Giftiges, welches Unverträglichkeiten auslösen könnte, mit nach Hause zu nehmen. Zudem sollten immer nur kleine Mengen gepflückt werden. Für das Räuchern reichen einige wenige Gramm, so lässt man der Pflanzenwelt die Möglichkeit, sich wieder gut zu regenerieren. Wird in der Natur gesammelt, sollte man ebenfalls darauf achten, dass an den entsprechenden Plätzen nicht chemisch gespritzt oder gedüngt wurde, um eventuelle gesundheitliche Schädigungen auszuschließen. Ebenso verhält es sich mit fertigen Räuchermischungen. Diese sollten bestenfalls naturbelassen und frei von Farb- oder künstlichen Duftstoffen sein, um bei der Verbrennreaktion keine unerwünschten Abfallprodukte freizusetzen. Für die Aufbewahrung während des Sammelns sind Beutel aus Baumwolle oder Leinen geeignet, um den Pflanzen das Atmen zu ermöglichen und Schimmelbildung vorzubeugen. Zu Hause werden die gesammelten Stücke entnommen und an einem warmen und trockenen Platz aufgehängt. Ein zusätzlicher Luftzug beschleunigt den Trockenvorgang. Das Trocknen in der prallen Sonne oder gar im Backofen ist nicht empfehlenswert, da die wertvollen Pflanzenbestandteile und ätherischen Öle sonst schon im Voraus ausdampfen und beim Räuchervorgang nicht mehr freigesetzt werden können. Sind diese Kriterien erfüllt, trocknen Blüten und Kräuter oft schon innerhalb weniger Tage völlig durch. Anders verhält es sich bei den Harzen. Der jeweilige Trockenvorgang kann sehr viel mehr an Zeit in Anspruch nehmen, ehe die Harze dann fein zerrieben werden können. Nach angemessener Trocknungszeit können die gewählten Kräuter oder Harze in einem Mörser zerkleinert und miteinander vermischt werden. Es bietet sich an, zu einer Mischung aus verschiedenen Kräutern immer auch etwas Harz beizumengen. Das schmelzende Harz bindet die Kräuter an sich, intensiviert den Duft und verlängert die Brenndauer. Das Harz sollte allerdings höchstens einen dritten Teil der Gesamtmischung ausmachen. Als Bodensatz für die jeweiligen Räuchermischungen verwendet man Sand, auf dem die Kohle zum Glühen gebracht wird. Mithilfe verschiedener Gefäße und Objekte kann nun der Rauch im Haus verteilt werden und in allen Räumen seine heilige Wirkkraft entfalten.

PFANNE

Vor allem in den letzten Jahrhunderten erfreuten sich Räucherpfannen aus Metall großer Beliebtheit. Diese gab es in verschiedenen Größen und die Austrittslöcher für den Rauch waren oft zu schönen Ornamenten gearbeitet. Große Räucherpfannen kamen vor allem auf großen Höfen in Süddeutschland und Österreich zum Einsatz. Sie hatten allerdings den Nachteil, dass sie sich durch die größere Menge an Kohle, welche in ihrem Inneren zum Glühen gebracht wurde, relativ leicht erhitzten.

RÄUCHERSCHALEN

Resistenter gegen Hitzeleitung sind Räucherschalen aus Keramik oder Steinzeug. Diese können sowohl in der Hand durch die einzelnen Räume getragen als auch während eines Rituales auf einem Tisch platziert werden.

STÖVCHEN

Es gibt spezielle Räucherstövchen, welche in ihrer Handhabung einer Duftlampe gleichen. Sie haben anstelle der Schale für die Duftöle ein Gitter zum Auflegen der Kräuter als Aufsatz. Es ist keine glühende Kohle notwendig, ein Teelicht wird unter das Gitter gestellt. Dieses erzeugt die notwendige Hitze, um die Aromen freizusetzen. Das Stövchen empfiehlt sich vor allem für das Räuchern mit reinen Kräutermischungen, Harze würden durch das Sieb nach unten fließen.

Letztendlich obliegt die Auswahl des entsprechenden Gefäßes, genauso wie die Wahl der Kräuter, den persönlichen Vorlieben. Sollte man das Räuchern nur einmal ausprobieren wollen, ist eine Keramikschale aus dem Hausgebrauch ausreichend. Möchte man es allerdings bei verschiedenen Gelegenheiten öfter zelebrieren, lohnt es sich, in eine etwas hochwertigere Ausrüstung zu investieren.

ZUM RÄUCHERN GEEIGNETE KRÄUTER

Die hier angeführten Räucherstoffe wurden speziell zu der Thematik der Rauhnächte ausgewählt. Es handelt sich um Kräuter, deren positive Räuchereigenschaften schon seit langer Zeit bekannt sind und die traditionellerweise vor allem in der Winterzeit im bäuerlichen Traditionsleben verwendet werden. Manchen von ihnen wird eine bewusstseinserweiternde Wirkung zugesprochen. Sie begünstigen die Empfänglichkeit für übersinnliche Wahrnehmungen und eignen sich von daher gut, um im Vorfeld eines Orakels entzündet zu werden. Natürlich können auch andere Kräuter verwendet oder verschiedene Kombinationen zusammengestellt werden. Bei der Auswahl der einzelnen Räucherstoffe kann man auch intuitiv vorgehen und sein Gefühl entscheiden lassen, was gerade für den Moment oder den jeweiligen Zweck passend wäre. Es empfiehlt sich allerdings, nicht mehr als drei verschiedene Kräuter zu einer Mischung zusammenzufügen. Diese können jedoch in einem unterschiedlichen Mischungsverhältnis zueinander stehen. So kann es erforderlich sein, von einem beim Verräuchern weniger intensiven Kraut drei Teile zu verwenden, während die dominanteren Kräuter jeweils nur zu einem Teil vertreten sind.

SALBEI

Salbei ist ein heimisches Kraut, welches sowohl im Wuchs als auch im getrockneten Zustand einen sehr intensiven Duft ausströmt. Salbei wird eine heilende und reinigende Wirkung zugesprochen. Er eignet sich also besonders gut, wenn im Haus Zwietracht und Missgunst herrschen oder starke Streitigkeiten vorangegangen sind. Möchte man sich von diesen negativen und belastenden Einflüssen befreien, kann man eine Räucherung nur mit Salbei durchführen oder Salbei mit in die Räuchermischung einbinden. Salbei entwickelt eine starken, leicht reizenden Geruch beim Räuchern und sollte nur in kleineren Mengen verwendet werden.

Wirkung beim Räuchern:

- klärende, reinigende Wirkung
- Befreiung von Altlasten
- hohe Austreibungskraft
- fördert Konzentration
- erdet

Brauchtum: Im Volksglauben galt der Salbei als Allheilmittel und wurde für vielerlei medizinische, aber auch für magische Zwecke eingesetzt. Ein bekannter Volksspruch lautet: »Wer auf Salbei baut, den Tod kaum schaut.« Um in einer anderen Person die Liebe für sich selbst zu entfachen, wird empfohlen, drei Salbeiblätter zu pflücken. Auf das erste wird Adam und Eva, auf das zweite Josef und Maria und auf das dritte der eigene Name und der Name der auserwählten Person geschrieben. Dann sollte man die Blätter zu Pulver verbrennen und dieses dem Wunschkandidaten ins Essen oder Trinken mischen.

JOHANNISKRAUT

Schon seit Urzeiten ist die heilsame Wirkung von Johanniskraut für Körper und Seele bekannt. Zur Zeit der Sommersonnwende steht es in heller, gelbleuchtender Blüte auf freien, lichten Wiesen. So bringt es auch sinnbildlich Sonne und Licht in unsere Stuben und gleichsam in unsere Seelen. Bereits Paracelsus erkannte die stimmungsaufhellende Wirkung dieses Krautes. Es wird seither als wirksames Mittel gegen Depressionen und Schwermut eingesetzt. In diesem Zusammenhang gesehen, ist es sehr gut bei Ritualen des Abschließens oder des Neubeginns einsetzbar, um die Melancholie wegen vergangener Zeiten zu vertreiben oder einen endgültigen Schlussstrich unter eine schmerzhafte Erfahrung zu setzen.

Symbolisch kann es auch für die Wiedergeburt des Lichtes stehen, welche wir in den Rauhnächten feiern. Beim Räuchern entfaltet sich ein fruchtiger, sanfter Geruch, es gibt keine starke Nachwirkung.

Wirkung beim Räuchern:

- Öffnung des Herzens
- Loslassen
- vertreibt negative Gedanken
- Schutzfunktion
- verleiht Kraft

Brauchtum: Bei unseren unmittelbaren Vorfahren spielte Johanniskraut vor allem bei Wettersegen und Wetterräucherungen eine große Rolle. Bei einem nahenden Gewitter wurde ein Büschel Johanniskraut in den Ofen geworfen, um Haus und Hof vor Unwetterschaden und Blitzeinschlag zu schützen.

BEIFUSS

Eine lange und teils magisch-mysteriöse Geschichte begleitet dieses Kraut, dem in unseren heutigen Tagen jedoch keine große Bedeutung mehr zukommt. Durch viele Kulturen hindurch, beginnend im Neolithikum, galt Beifuß als magische und kraftvolle Zauberpflanze. Für die keltischen und germanischen Völker war Beifuß die Pflanze der Götter, er wurde von ihnen Machtwurz oder Thorwurz, in Bezug auf den mächtigen germanischen Gott Thor, genannt. Im Mittelalter war der Beifuß die Pflanze der Hexen und der Schwarzen Magie. Heute noch soll der Beifuß, am Johannistag gepflückt, am wirksamsten sein. Er spielt auch eine wichtige Rolle im Mittsommerkult, wo er zu einem Gürtel geflochten wurde, um damit um das Sonnenwendfeuer zu tanzen. Anschließend wurde dieser Gürtel im Feuer verbrannt – das sollte das ganze Jahr vor Krankheit schützen. Als Räucherwerk halten getrocknete Beifußblätter sowohl körperliche als auch seelische Krankheiten fern und öffnen den Geist für höhere Erkenntnisse. Der Beifuß verbreitet einen unaufdringlichen, fruchtigen Geruch, er eignet sich gut als Hintergrundbegleiter für unterschiedliche Räuchermischungen.

Wirkung beim Räuchern:

- Schutz und Reinigung
- unterstützt bei Veränderungen
- stärkt Intuition
- baut negative Spannungen ab

Brauchtum: Der Beifuß gilt als stärkstes zauberwidriges Mittel. Das bedeutet, dass er gegen jede Art von Verhexungen oder Flüchen eingesetzt werden kann. So können zum Beispiel verhexte Speisen mithilfe des Beifußes entzaubert werden und man kann sie wieder bedenkenlos zu sich nehmen.

HOLUNDER

Ebenfalls seit Urzeiten wird dem Holunder eine positive und schützende Wirkung zugesprochen. In der nordischen Sagenwelt spielte der Holunderbusch stets eine wichtige Rolle, zum Beispiel als Sitz der Göttin Holla (im Märchen noch übernommen als »Frau Holle«) oder als Schutzhort für Tiere und Pflanzen. Auch im ländlichen Volksglauben galt der Holunder als starke Schutzpflanze und wurde als Hausbaum zum Schutz gegen böse Geister und gegen den Blitzeinschlag gepflanzt. Ein alter Glaube besagt, es sei ein Zeichen dafür, dass ein Verstorbener seine Ruhe gefunden habe, wenn ein auf seinem Grab eingepflanzter Holunderzweig zu wachsen begänne. Es war unter Strafe verboten, einen »Holler« zu fällen. Beim Räuchern werden vor allem die Holunderblüten verwendet, um ihre schutzgebende Wirkung auch auf diese Art zu entfalten. Sie bringen Harmonie und Wohlgefühl in die Stuben und spenden Vertrauen und Hoffnung für das Leben. So eignet sich eine Räuchermischung mit Holunderblüten, wenn einem eine schwere Aufgabe oder ein ungewisser Neuanfang bevorsteht. Dies fügt sich ebenfalls in die Zeit der Rauhnächte: Mit Holunderblüten begrüßen wir das neue, noch ungewisse Jahr und vertrauen darauf, dass es Glück und Freude für uns bereithalten wird. Holunder entfaltet einen sanften, süßlichen Duft beim Räuchern.

Wirkung beim Räuchern:
- harmonisierend
- stärkt Zuversicht
- verbindend

Brauchtum: Der Holunder, welcher sich ohne größere Pflege nahe der Behausungen der Menschen ansiedelt, hatte eine große Bedeutung für allerlei Volksbrauchtümer. Allgemein gilt er als Schutzbaum des Hauses, vor die Stalltür gepflanzt, bewahrt er das Vieh vor Krankheiten. Kreuze aus Holunderzweigen am Fenster halten Hexen fern. Aus diesem Grund wurden früher auch viele Tür- und Fensterriegel aus Holunder angefertigt. Auch im landwirtschaftlichen Orakel erfüllt der Holunder vielfältige Funktionen. In welchem Maße er blüht und Früchte ansetzt, so wird auch die kommende Ernte ausfallen. Auch in der Medizin und im Heilkult des Volkstums werden ihm große Kräfte zugesprochen.

WACHOLDER

Ähnlich dem Holunder wird auch der Wacholder von allerlei guten Geistern und Wesen bewohnt. Zudem galt der Wacholder seit jeher als direkter Berührungspunkt mit den Seelen der Ahnen. So gehörte er unter anderem auch im antiken Orakel von Delphi zu den dort verwendeten Räucherpflanzen. Dieser Pflanze wird eine sehr starke spirituelle Dimension zugeschrieben. Für Räucherungen können Holz, Harz, Zweige und die getrockneten Wachholderbeeren verwendet werden. Sie helfen, eine Verbindung zu den Ahnen herzustellen und schärfen in uns das Bewusstsein für die Verknüpfung mit der Vergangenheit. Auf diese Art können alte Verletzungen überwunden werden. Gleichsam können wir uns in der Sicherheit wiegen, dass unsere Vorfahren ein schützendes Auge auf unser Haus und unser Leben haben und unserem Wirken wohlwollend gesonnen sind. Wacholder entwickelt einen starken, sehr aromatischen Duft beim Räuchern. In alten Zeiten wurde der Wacholder vor allem mit Weihrauch kombiniert und ergab eine kraftvolle Räuchermischung.

Wirkung beim Räuchern:

- reinigend und desinfizierend
- bietet Schutz und Sicherheit
- unterstützt Ahnenkontakte
- hilft bei Erdung

Brauchtum: Der Wacholder erfreut sich seit alters her und im Besonderen bei den Germanen höchster Beliebtheit. Sowohl die schwarzen Beeren als auch die Blätter und das Holz der Zweige wurden für vielfältigste Zwecke verwendet. Auch in vielerlei Märchen und Sagen spielt er eine wichtige Rolle. Im Volksglauben gilt er vor allem als antidämonischer Strauch. An Orten, an denen ein Wachholder wächst, haben Teufel, Hexen und Dämonen keinen Einfluss. In Bayern und Österreich trug man einen kleinen Strauß aus Holunder und Eichenlaub an den Hut gesteckt und war auf diese Art vor dämonischen Angriffen gefeit. Ein altes Verslein besagt: »Eichenlaub und Kranewitt (= Wachholder), des mag der Teufel nit.«

(WEISSER) LAVENDEL

Im 8. Jahrhundert förderte Kaiser Karl der Große den Anbau von Lavendel durch Dekrete, in denen er bei der Anlage von Kräutergärten befahl, diese Pflanze aufzunehmen. Von den Kräutergärten der Klöster fand der Lavendel schnell den Weg in die Bauerngärten. Insbesondere wurde seine krampflösende, beruhigende und antibakterielle Eigenschaft geschätzt und genutzt. Im Mittelalter wurde Lavendel als Mittel gegen die Pest eingesetzt.

Lavendel konnte als Hexenpflanze die vom Teufel besessenen Hexen retten – dafür mussten sie sich in einen Lavendelstock setzen. Lavendel ist stark desinfizierend, reinigend und klärend. Damit eignet er sich auch zum Ausräuchern von Krankenzimmern und Räumen, in denen schlechte Luft, auch im übertragenen Sinne, herrscht.

Eine Lavendelräucherung dient der Segnung und dem Schutz von Säuglingen und Kindern. Lavendel entfaltet einen starken und sehr aromatischen, leicht scharfen Duft.

Wirkung beim Räuchern:

- reinigend und desinfizierend
- beruhigend auf Körper und Seele
- schlaffördernd
- vertreibt schlechte Träume
- fördert Inspiration und Kreativität
- stärkt Nerven- und Seelenkräfte
- schützt gegen Flüche und Verwünschungen

Brauchtum: Im Volksglauben schütz der Lavendel vor Verwünschungen, Flüchen und dem Bösen Blick. Begibt man sich also in eine Gesellschaft, in der einem nicht nur mit Wohlwollen begegnet wird, empfiehlt es sich, ein paar Lavendelblüten in die Jackentasche zu stecken.

SCHAFGARBE

Auch die Schafgarbe findet seit vielen Jahrhunderten Einsatz als Heilmittel. Bei den Kelten wurde das Kraut sehr geschätzt, da es die Kunst des Weissagens unterstützte. Schafgarbenbüschel, über die Wiege von Säuglingen gehängt, sollen böse Geister fernhalten. Hatten Kinder Albträume, legte man ihnen Schafgarbensäckchen auf die Augen, um die unguten Gedanken zu vertreiben und für einen ruhigen Schlaf zu sorgen.

Junge Mädchen füllten ihr Kopfkissen mit Schafgarbenblüten, damit sie im Traum ihren Zukünftigen sehen konnten. Die hohe Wertschätzung der Schafgarbe in der Volksmedizin zeigt auch der alte Brauch der Kräuterweihe zu Mariä Himmelfahrt. Zu den am 15. August in der Kirche gesegneten Kräutern gehört die Schafgarbe. Der Strauß soll anschließend dem Haus und seinen Bewohnern Glück und Gesundheit bringen. Schafgarbe entfaltet einen sanften, leicht herben Duft beim Räuchern.

Wirkung beim Räuchern:

- verhilft zu Wahrträumen und klaren Visionen
- schützt vor negativen spirituellen Einflüssen
- schützt kleine Kinder
- unterstützt das Streben nach Weisheit

Brauchtum: Die Schafgarbe galt seit jeher als Frauenkraut und fand im medizinischen Bereich vielfältige Anwendung bei Frauenleiden. Sie ist wichtiger Bestandteil der Kräuterbuschen zu Ehren Mariens an Mariä Himmelfahrt.

MISTELN

Die Mistel war die wichtigste heilige und geheimnisvollste Zauberpflanze der keltischen Druiden. Auch in den alten Erzählungen der Germanen spielt sie eine wichtige Rolle.

Aus der Mistel bereiteten sie Zaubertränke, die Kraft, Mut und Unbesiegbarkeit verleihen sowie alle Krankheiten heilen sollten. Im Mittelalter glaubte man, dass Misteln nur auf Bäumen wachsen, auf denen sich Hexen niedergelassen haben. Im ländlichen Volksglauben wurde die Mistel als »Drudenfuß« bezeichnet und als Schutz vor Hexen und Teufeln am Körper getragen. Als Pflanze, die im Winter Früchte trägt, ist sie der Inbegriff für die Hoffnung auf eine Wiedergeburt. Sie gilt als »Schlüssel zur Anderswelt« und eignet sich deswegen besonders für Traumräucherungen, besonders in den Rauhnächten. Misteln verbreiten einen unaufdringlichen, leicht herben Geruch beim Räuchern.

Wirkung beim Räuchern:

- Schutz vor Blitzschlag, Krankheit, Unglück, Feuer und Missgeschicken
- gesegnete und prophetische Träume
- beruhigend auf das Nervensystem
- Druck wird von einem genommen

Brauchtum: Vor allem den »Eichenmisteln«, Misteln, welche sich parasitär auf Eichen angesiedelt haben, kommt im ländlichen Zauberglauben eine wichtige Rolle zu. Diese helfen gegen Unfruchtbarkeit und (angezauberte) Impotenz. Ein auf einer Jagd mitgeführter Mistelzweig erhöht die Treffsicherheit und feit den Jäger im Gegenzug vor Angriffen waidwunder Tiere.

ZUM RÄUCHERN GEEIGNETE HARZE

WEIHRAUCH

Weihrauch ist wohl einer der traditionellsten Räucherstoffe, welcher zudem auch immer mit den Ritualen der katholischen Kirche in Verbindung gebracht wird. Schon seit frühester Kindheit verbinden wir mit dem Geruch von Weihrauch ein Gefühl von Segen und Heiligkeit. Weihrauch symbolisiert immer die Verbindung zu Gott und zu allem Überirdischen. Auch vor der Zeit des Christentums wurde er bereits eingesetzt, um mit den Göttern in Kontakt zu treten. Bei Weihrauch handelt es sich um ein goldgelbliches Harz von den Weihrauchsträuchern, die im Nahen Osten beheimatet sind. Im ländlichen Volksglauben diente das Räuchern mit Weihrauch dazu, um dämonische Einflüsse von Haus und Hof fernzuhalten. Beim Räuchervorgang entwickelt Weihrauch einen sehr intensiven Duft, weswegen das Harz nur sparsam eingesetzt werden sollte. Kombiniert mit anderen harzigen Hölzern, zum Beispiel Wacholderholz, entfaltet er eine kraftvolle Mischung.

Wirkung beim Räuchern:

- hilft, innere Ruhe zu finden
- erleichtert die Meditation
- erweitert den Brustraum und das Herz
- heilt alte Wunden
- energetisch reinigend
- schützt vor negativen Energien

Brauchtum: Nach altem Glauben vertreibt der Weihrauch wegen seines besonders starken Duftes Hexen und böse Geister. In dem bekannten, mittelalterlichen Werk »Der Hexenhammer« wird empfohlen, Gefängnisse, in denen der Hexerei verdächtigte Personen einsaßen, mit Weihrauch auszuräuchern, um eventuelle Verwünschungen und Flüche zu beseitigen. Der Weihrauch wird am Vorabend des Dreikönigstages oder am Dreikönigstag selbst zusammen mit dem Weihwasser geweiht.

MYRRHE

Neben dem Weihrauch war Myrrhe im Altertum das wichtigste Räucherharz. In vielen Kulturen galt das warme, erdige und würzige Myrrhenharz als Symbol für das mütterliche Element und für die weibliche Sinnlichkeit. Myrrhe entfaltet einen sehr aromatischen, schweren Duft, der leichtere Kräuter überlagert.

Wirkung beim Räuchern:

- besänftigt aufgewühlte Gemüter
- gibt Kraft, Optimismus und innere Ruhe
- hilft bei Stress
- verhilft zum ruhigen Einschlafen
- rituelle Verräucherung für Meditation, Schutz, Heilung und Segnung
- Räuchermittel gegen böse Geister

WALDWEIHRAUCH (FICHTENHARZ, KIEFERNHARZ, LÄRCHENHARZ)

Waldweihrauch kann im Gegensatz zu den orientalischen Weihrauchsorten in unseren heimischen Gehölzen gefunden und selbst zum Räuchern gesammelt werden. Man bricht dazu kleine, erhärtete Harzbröckchen der entsprechenden Bäume ab und gibt diese in das Räuchergefäß. Die Farbe des zähen Harzes ist zunächst goldgelb und wandelt sich durch einen Reifeprozess in ein warmes Braun. Da die Rinde sehr harzreich ist, kann man auch direkt kleine Rindenstücke abbrechen und zerbröselt als Räuchermischung verwenden. Vor allem bei der ländlichen Bevölkerung des letzten Jahrhunderts wurde Waldweihrauch als preiswerter Ersatz für den teuren orientalischen Weihrauch eingesetzt. Er entfaltet einen starken, harzigen, erdigen Geruch, der nicht mit zu vielen anderen Räuchermitteln vermischt werden sollte.

Wirkung beim Räuchern:

- führt zur Nervenstärkung und allgemeinen Kräftigung
- dient als Schutz vor störenden Einflüssen, negativen Energien
- hilft, innere Ruhe zu finden
- erleichtert die Meditation
- heilt alte Wunden
- reinigt das Haus von Krankheiten und schlechter Stimmung

SCHRITT-FÜR-SCHRITT ANLEITUNG FÜR EINE HAUSRÄUCHERUNG

Bei der hier vorgeschlagenen Schritt-für-Schritt-Anleitung handelt es sich um ein Beispiel für eine traditionelle Hausräucherung. Einzelne Elemente können nach Belieben variiert werden. Das vorgestellte Räucherritual ist von alters her überliefert und wurde im katholischen Volksglauben vor allem an den »stärksten« Rauhnächten durchgeführt. Es eignet sich wunderbar, wenn man die schlechten Energien, Krankheiten und Streitereien des vorangegangenen Jahres aus der Stube verbannen und die Räume rein und frei für das neue Jahr bekommen möchte. Dieses Ritual muss nicht immer auf spirituellen Grundgedanken beruhen. Oft vermittelt es einfach ein gutes Gefühl und hilft, befreiter in das neue Jahr zu starten. Unsere Vorfahrengenerationen räucherten auf diese traditionelle Art sowohl ihre Wohnstuben als auch die Stallbereiche der Tiere aus.

- Zu Beginn empfiehlt es sich auch bei diesem Ritual, den Wohnbereich gründlich aufzuräumen, zu putzen und gegebenenfalls einige Dinge auszusortieren. In einer sauberen, strukturierten Wohnumgebung ist der Geist viel freier für das reinigende Ritual.
- Als nächstes sollten die Fenster der Räume, in denen geräuchert wird, geöffnet oder zumindest gekippt sein, damit alles Schlechte, was bei der Räucherung vertrieben werden soll, seinen Weg nach draußen findet und nicht weiter im Haus bleibt.
- In einem nächsten Schritt wird das ausgewählte Räuchergefäß mit der Räuchermischung der Wahl zum Dampfen gebracht. Zudem sollte bedacht werden, dass genügend Räucherkohle bereit liegt, um nachzulegen, falls eine größere Wohnfläche beschritten wird.
- Entsteigt der Rauch dem Räuchergefäß, wird mit der Räucherung im untersten Raum oder, falls vorhanden, im Keller begonnen. In Gedanken kann man nun noch einmal die Ereignisse Revue passieren lassen, von denen man sich durch die Räucherung trennen möchte. Wichtig dabei ist,

keine negativen Gedanken zu empfinden, sondern neutral und mit Abstand auf die Geschehnisse zu blicken. Man kann während des Räucherns auch ein kleines Gebet wieder und wieder aufsagen, eine bekannte Beschwörungsformel oder einen selbstformulierten Spruch, der den Zweck der Räucherung in Worte fasst. In Gedanken sollte immer der Wunsch präsent sein, was durch die Räucherung erzielt werden sollte – zum Beispiel die Vertreibung einer Missstimmung, welche durch einen vergangenen Streit noch in der Luft liegt.

- Langsam und ohne hektische Bewegungen wird nun jeder Raum des Hauses jeweils im Uhrzeigersinn durchschritten. An manchen Stellen, zu denen uns unser Gefühl lenkt, zum Beispiel am Bett oder am Esstisch, kann man auch länger verweilen und die Rauchentwicklung intensiver wirken lassen. Der Rauch sollte alle Ecken und Winkel erreichen, hierfür kann ein kleiner (Feder-)Fächer wirkungsvoll sein, um die Rauchentweichung gezielt zu lenken.
- Sind alle Räume durchwandert, kann man für einige Minuten dem Rauch bewusst beim Entweichen durch die Fenster zusehen und dabei noch einmal visualisieren, dass mit ihm alle schlechte Energie entschwindet.
- Zum Schluss können auch das ganze Haus und das komplette Grundstück im Uhrzeigersinn umschritten werden, um noch einmal einen imaginären Schutzkreis zu errichten.

Verschiedene Orakelmöglichkeiten

»Wir blicken so gern in die Zukunft,
weil wir das Ungefähre,
was sich in ihr hin und her bewegt,
durch stille Wünsche
so gern zu unsern Gunsten heranleiten möchten.«

JOHANN WOLFGANG VON GOETHE

WORAUF MAN ACHTEN SOLLTE

Seit jeher waren die Menschen von dem Wunsch beseelt, mehr über ihre Zukunft zu erfahren. Dabei konnten alle Bereiche des Lebens betroffen sein, je nachdem welche soziale Stellung der Fragesteller einnahm oder auch, welchen Lebensabschnitt man gerade beschritt. Im Altertum drehten sich die Fragen, welche an das Orakel gerichtet wurden, vor allem um schwerwiegende Themen wie Politik oder Kriegsführung. Aber auch im Leben unserer unmittelbaren Vorfahren spielten Weissagungen und Orakel eine große Rolle. Dabei musste es nicht immer um gravierende Themen gehen, welche die gesamte Gesellschaft berührten. Vielmehr handelte es sich oft um den Wunsch des Einzelnen, einen Einblick in seinen persönlichen, noch zu bewältigenden Lebensweg zu erhalten. So konnte für einen Bauern entscheidend sein, wie die Ernte im nächsten Jahr verlaufen wird oder ob das Vieh schwerwiegende Krankheiten erleiden muss. Junge Mädchen orakelten im Kreise ihrer Freundinnen bevorzugt darüber, wer wohl der zukünftige Liebste oder der Bräutigam in fernen Tagen sein könnte. Zu Zeiten, in denen die Welt noch voller Magie und unerklärlicher Dinge war, schenkten die Menschen Orakeln viel Glauben und hofften, auf diese Weise das Schicksal aktiv mitbestimmen zu können. Es gab unzählige Möglichkeiten des Befragens, Deutens, Wahrsagens, Lesens und Interpretierens von verschiedenen Zeichen und Omen. Allerdings gab es auch vielerlei unterschiedliche Orakel und Rituale, die mit einem lachenden Auge ausgeführt wurden und bei denen der Spaß und die Geselligkeit wichtiger waren, als wegweisende Aussagen über die Zukunft zu erhalten. Und so sollten auch wir es handhaben. Vielleicht sollte ein Orakel grundsätzlich positiv interpretiert und nicht zu ernst genommen werden oder wir sollten nur die positiven Ergebnisse daraus mitnehmen, um auf diese Art eine Wechselwirkung zu erzielen: Unsere Gedanken wirken sich positiv auf den Verlauf des Orakels aus und die glücklichen Prophezeiungen erwecken in uns ein Gefühl des Optimismus und ein tiefes Zukunftsvertrauen, das uns auf dem weiteren Weg begleiten wird. Eine optimistische Herangehensweise kann sich schon durch die Fragestellung auszeichnen. So können Fragen gestellt werden, die ein bestimmtes Antwortspektrum vorgeben: zum Beispiel an Stelle von »Werde ich jemals einen Partner finden« könnte gefragt werden »Werde ich im neuen Jahr eine glückliche Partnerschaft im bereits bekannten Umfeld finden oder muss ich neue Wege einschlagen?«.

Man sollte nie vergessen, dass auch bei den Orakeln die Macht der Gedanken und des eigenen Wünschens sehr stark mitschwingt. Die Aussagen der meisten Orakel lassen immer sehr viel Spielraum zum Interpretieren. Sie fordern uns auf diese Art auf, uns mit unserem Innersten auseinanderzusetzen, in uns hineinzuhorchen und vielleicht auf diese Weise den richtigen Weg einzuschlagen.

Grundlegend für alle Orakeltechniken ist, dass niemals eine Antwort »erzwungen« werden sollte. Zudem sollte das Orakel umgehend beendet werden, sobald man dabei schlechte Gefühle empfindet oder sich nicht mehr wohl fühlt.

Im Folgenden stehen einige Orakeltechniken aufgelistet, die über Jahrhunderte hindurch überregional bekannt waren und in allen Gesellschaftsschichten, vor allem aber von der ländlichen Bevölkerung, ausgeübt wurden. Bei der näheren Betrachtung der einzelnen Rauhnächte werden uns noch einige spezielle Orakel begegnen, die oft nur lokal bekannt waren und nur an ganz bestimmten Tagen verwendet wurden. Auch für diese gilt jedoch obiger Anwendungshinweis.

RUNENORAKEL

Bereits bei den Kelten und Germanen erfreuten sich Runenorakel großer Beliebtheit. Seit der Zeit der Christianisierung wurden sie nach und nach unbekannter, allerdings gibt es auch heutzutage noch viele Möglichkeiten, diese Form des Orakelns zu praktizieren. Das Grundprinzip ist, dass alle 16 oder 24 Runen des Futhark (= die Gesamtheit der germanischen Schriftzeichen) eine gewisse Bedeutung aufweisen. Werden diese Runenzeichen nun auf Steine gemalt oder in Holz eingraviert, kann man sie verdeckt aus einer Schale oder einem Säckchen ziehen und die jeweiligen Grundbedeutungen der gezogenen Rune auf die Fragestellung interpretieren.

TIERORAKEL

Ein eher unbekanntes Orakel, das bereits in der Antike betrieben wurde und auch im Volksglauben bekannt war, ist das Tierorakel. Die Grundidee dahinter zeigt erneut die tiefe Verbundenheit unserer Vorfahren mit der belebten Natur. Man ging davon aus, dass Tiere gewisse Veränderungen viel früher spüren oder Bedrohungen im Voraus wahrnehmen und dies in einer ungewöhnlichen Verhaltensweise widerspiegelten. Zudem wurde geglaubt, dass Tiere in einer viel tieferen Verbindung zur »Anderswelt« stehen als die Menschen und so jederzeit Schwingungen aus dieser Wahrnehmen und Botschaften übermitteln könnten. In speziellen Situationen wurde das Verhalten der Tiere besonders genau betrachtet. Bereits in der Antike gab zum Beispiel das Fressverhalten der Gänse Auskunft darüber, ob eine Not oder ein schwerer Krieg bevorstünde. Auch unsere Großelterngeneration beobachtete die Tiere in Haus und Hof genauestens. Wurde eine Katze bei einer jungen Frau plötzlich sehr anschmiegsam und anhänglich, stand mit Gewissheit eine Schwangerschaft unmittelbar bevor. Allerdings konnten auch unbewusste Handlungen mit Tieren als Omen gedeutet werden: So stand unmittelbares Unglück bevor, wenn eine schwarze Katze den eigenen Weg kreuzte. Setzte sich ein streunender Hund vor der Haustür nieder, stand gar ein Todesfall ins Haus, und ließ sich ein Waldkauz auf dem Stalldach nieder, stand den Tieren ein Krankheitsausbruch bevor. Vor allem an entscheidenden Lostagen oder -nächten, zu denen auch die Rauhnächte gehören, wird dem Verhalten der Tiere eine noch größere Bedeutung zugemessen.

Zudem war der Glaube weit verbreitet, dass die Tiere in den Rauhnächten zu sprechen beginnen. Man bezog sich darauf, dass Vögel weit in der Gegend herum kamen und von daher viele Neuigkeiten ins Haus bringen konnten, und Hunde und Katzen über starke Vorahnungen verfügten. Es gibt viele Sagen und Geschichten, in denen Menschen die Ereignisse des anbrechenden Jahres von Tieren vorhergesagt wurden.

BLEIGIESSEN

Beim Bleigießen handelt es sich um eine Orakelform, die auch noch bis in unsere Tage hinein sehr bekannt ist. Alternativ kann dieses Orakel auch mit Wachs betrieben werden. An der Ausübung hat sich seit Generationen nichts geändert. Heißes Blei wird in eine Schüssel mit kaltem Wasser gegossen und aus der Form, die es beim Erstarren annimmt, werden verschiedenste Schicksalsereignisse für das kommende Jahr gedeutet. In früheren Zeiten fing man das Blei in einer alten Tonschüssel auf, die schon seit vielen Generationen in der Familie war. Das ist ein weiterer Hinweis, wie wichtig die Verbindung zu den Ahnen war und dass man auch bei den Orakeln auf ihre Anwesenheit oder gar aktive Mithilfe hoffte. Eine abgewandelte Variante, die heute kaum mehr bekannt ist, interpretierte die Form des Schattens, welche das erstarrte Gebilde an die Wand warf.

EIERORAKEL

Es gibt viele unterschiedliche Orakelmöglichkeiten mit Eiern, die alle durchweg sehr alt sind und darauf beruhen, dass Hahn und Henne durch viele Kulturen hindurch als Orakeltiere gesehen wurden. So schlägt man zum Beispiel in der Andreasnacht vor dem Zubettgehen das Ei einer schwarzen Henne in eine Tasse und rührt einmal um. Am nächsten Morgen betrachtet man die Formen und kann daraus Hinweise auf die nähere Zukunft entnehmen.

NUSSSCHALENORAKEL

Eine ebenfalls relativ alte Orakeltechnik ist das Nussschalenorakel. Aus Walnussschalenhälften werden kleine Schiffchen, die innen farbig markiert werden, angefertigt. Bereits im Voraus überlegt man sich eine Frage, die mit »ja« oder »nein« beantwortet werden kann. Dann überträgt man die jeweilige Antwortmöglichkeit auf eine Farbe. So kann zum Beispiel das blaue Schiffchen für »ja« stehen und das rote für »nein«. Im Folgenden setzte man die Schiffchen in ein Gewässer oder eine Wasserschüssel und treibt sie mit der Hand an. Man erkennt die Antwort auf die Fragestellung daran, welches Schiffchen sich einen Vorsprung erkämpft und das andere zurücklässt. Dieses lustige Orakel wurde früher oft angewendet, wenn sich bei einem Mädchen mehrere Verehrer eingestellt hatten und es sich nicht entscheiden konnte. In diesem Fall standen die jeweiligen Farben für die unterschiedlichen Namen der Hoffenden.

NUSSORAKEL IN DER CHRISTNACHT

Ein Orakel, welches ausschließlich in der Christnacht funktionieren soll, benötigt nur eine ältere Walnuss. Kurz vor Mitternacht öffnet man vor dem Herdfeuer die Walnuss, und ihr Inneres wird Auskunft über die Geschicke des neuen Jahres geben: Ist die Nuss innen appetitlich und essbar, steht ein glückliches, gesundes Jahr an. Ist das Innenleben hingegen schon vertrocknet, muss man mit schweren Zeiten rechnen. Schimmelt die Nuss innen gar, ist im nächsten Jahr ein Todesfall zu beklagen.

APFEL- ODER KARTOFFELSCHALENORAKEL

Möchte man den Anfangsbuchstaben des zukünftigen Mannes erfahren, schält man einen Apfel so, dass die Schale nicht abreißt, sondern sich in einem Stück zu Boden schlängelt. Diese Schale nimmt man in die rechte Hand und wirft sie über die linke Schulter. Die Kringel am Boden verraten den Anfangsbuchstaben des Zukünftigen. Nach dem gleichen Prinzip funktioniert dieses Orakel auch mit den Schalen von ungekochten Kartoffeln.

FEUER- ODER KERZENORAKEL

Ein sehr einfach umzusetzendes Orakel ist das Feuerorakel. Diese Orakeltechnik kann vor einem Kamin- oder Lagerfeuer oder auch vor einer Kerze durchgeführt werden. Als Basis dient eine einfach gehaltene Frage, auf die man sich mit geschlossenen Augen konzentriert. Dabei sollten nach Möglichkeit alle anderen Gedanken ausgeblendet werden und eine gewisse Leere im Geist einkehren. Ist dies gelungen, öffnet man die Augen und blickt in die Flammen. Ohne festen Fixpunkt lässt man den Blick nun über die Bewegungen und unterschiedlichen Formen des Feuers schweifen. Nach und nach wird der Blick geschärft für vage Bilder, die sich kurz in den Flammen manifestieren. Vielleicht lassen sich sogar Gesichter oder Gestalten erkennen oder Symbole, die bei der Klärung der anfangs gestellten Frage helfen. Es kann auch sein, dass sich beim Betrachten der Flamme nur ein tieferes Gefühl einstellt, dass bei der Lösungsfindung hilft.

ZWÖLF NÄCHTE STEHEN FÜR ZWÖLF MONATE/WETTERLESEN

Eine Orakeltechnik, die uns in verschiedenen Formen immer wieder begegnen wird, ist das Wetterlesen. In den Rauhnächten funktioniert dies relativ einfach. Es wird angenommen, dass jede der zwölf Rauhnächte stellvertretend der Reihenfolge nach für einen Monat im neuen Jahr steht. Bereits im alten Volksglauben hieß es, dass in den Zwölften das »Wetter für das neue Jahr gemacht wird«. Man beobachtet also, wie sich das Wetter in der ersten Rauhnacht zeigt und kann daraufhin schlussfolgern, wie es im kommenden Januar werden würde. Genauso verhält es sich mit der zweiten Rauhnacht für den Februar und immer so fort. Allgemein lässt sich noch festhalten: Je kälter es in den Rauhnächten ist, desto heißer wird es im Sommer. Zudem verheißt ein klarer Himmel in den Rauhnächten eine reiche Ernte. Interessanterweise ist nicht nur das Wetter der jeweiligen Rauhnächte auf das neue Jahr übertragbar – auch mit persönlichen Empfindungen, dem Gesundheitszustand oder allgemein dem Laufe des Schicksals kann es sich so verhalten. So lohnt es sich immer, in den Rauhnächten besonders wachsam zu sein und auf allerlei Anzeichen zu achten.

ZWIEBELORAKEL

Ein weiteres Orakel mit einer langen Tradition, vor allem bei der Landbevölkerung, ist das Zwiebelorakel. Es dient der Wetterprophezeiung des nächsten Jahres, kann aber auch abgewandelt auf die eigene Gesundheit bezogen werden. Um dieses leicht umzusetzende Orakel auszuführen, zerschneidet man in einer der Rauhnächte eine Zwiebel in zwei Hälften und entnimmt jeder Hälfte sechs Ringlein, sodass nun insgesamt auf einem Brett oder auf dem Tisch zwölf Zwiebelringlein vor einem liegen. Diese Ringe stehen symbolisch für die zwölf Monate des kommenden Jahres. Nun streut man Salz auf die einzelnen Ringlein und lässt es über Nacht einwirken. Am nächsten Morgen begutachtet man die Zwiebelringe: Je nachdem, wie das Salz nun in den Näpfen beschaffen ist, feucht, nass oder trocken, wird das Wetter für den betreffenden Monat prophezeit. Bezieht man das Orakel auf die eigene Gesundheit, drohte in den Monaten, in denen das Salz besonders durchfeuchtet ist, die Gefahr einer Erkrankung.

HAFERLHEBEN

Ein im Volksglauben häufig praktiziertes Orakel war das Haferlheben. Dazu braucht man fünf undurchsichtige Tassen oder Becher und fünf Gegenstände: ein Stück Holz, einen Bindfaden, ein Zwiebelstück, einen Ring und ein Geldstück. Diese Gegenstände werden willkürlich unter den Gefäßen verteilt und nach und nach hebt jede Person im Raum einen Becher hoch, ohne der Verteilung der Gegenstände beigewohnt zu haben. So erfährt man das Schicksal für das neue Jahr. Das Holz steht für den Tod, der Faden steht für ein gesundes Jahr, die Zwiebel für viele Tränen, der Ring für eine anstehende neue Liebe oder Hochzeit und das Geldstück für Reichtum.

Althekannte religiöse Glücks-amulette und Schutzzauber

Genauso alt wie der Glaube an gute und böse Mächte, an Geister und Dämonen ist, genauso lange versucht man schon, sich vor diesen Einflüssen zu schützen. Vor allem im katholischen Volksglauben gab es eine Vielzahl an Schutzgegenständen oder Formeln, um die dunklen Mächte davon abzuhalten, die Schwelle des eigenen Hauses zu betreten oder um sich selbst zu schützen und den eigenen Körper gesund zu erhalten. Vor allem in den Rauhnächten fanden solche Schutzzauber eine verstärkte Anwendung, glaubte man doch, dass man in diesen Tagen der mächtigen Anderswelt so nah war, wie sonst im ganzen Jahr nicht.

WEIHWASSER

In der katholischen Kirche kommt dem Weihwasser im ganzen Jahreslauf eine wichtige Funktion zu, es dient zur Tauferinnerung und Segnung und zählt zu den Sakramentalien (heilswirksame Zeichen). Dabei handelt es sich um Wasser, welches von einem Priester gesegnet wurde. Der Brauch des Besprengens mit heiligem Wasser geht auch hier wieder bis in die Antike zurück. Noch in der Großelterngeneration war ein Weihwasserbehälter im Haus, zumeist neben der Haustür. Obligatorisch bekreuzigte man sich beim Ein- und Austreten mit dem daraus entnommenen Weihwasser, oft begleitet von einem kleinen Gebet. Dem alten Volksglauben nach schützt es vor allem vor Verhexung und Verfluchung. Den Teufel oder Hexen erkennt man dadurch, dass sie das Besprengen mit Weihwasser nicht ertragen können. Mit Weihwasser kann man sich selbst, die Felder, den Stall und die Tiere besprengen. Mit dem Gebrauch von Weihwasser waren unzählige Orakel und Rituale verknüpft: Besprengt der Hausvater in der Dreikönigsnacht mit einem Tannenzweig die Felder mit Weihwasser, ist ein gutes Erntejahr zu erwarten, sobald der Weihwasserwedel viele Eiszapfen bildet. Weihwasser, welches an besonderen Tagen, zum Beispiel an Heilig Abend (»Heiligwag« genannt) oder nach der Osternacht, aus dem Weihwasserkessel in der Kirche geschöpft wird, gilt als außerordentlich kräftig und heilsam.

Brauchtum: In der Dreikönigsnacht wird Wasser mit einem, nur dazu bestimmten, Gefäß aus einem fließenden Gewässer entnommen, in der Kirche geweiht und im Anschluss mit nach Hause genommen. Es soll unter anderem Schutz vor Unwettern und Blitzeinschlag gewähren. Beim Herannahen eines Gewitters spricht man beim Aussprengen des Dreikönigswassers: »Im Namen Jesu, Maria und Josef befehle ich euch, ihr höllischen Geister: Weichet von uns und von diesem Ort und waget nicht mehr zurückzukehren und uns zu schaden und uns zu versuchen! Jesus, Maria und Josef! Heiliger Michael, streite für uns! Heiliger Schutzengel, bewahre uns vor den Falschtritten des bösen Feindes!«

KREUZ UND HERRGOTTSWINKEL

Ein Herrgottswinkel gehörte früher in alle Bauernhäuser und war meist im zentralen Aufenthaltsraum, der Stube, direkt über dem Esstisch eingerichtet. Ein großes Kruzifix befand sich in seinem Mittelpunkt. Darum herum gruppiert wurden Heiligenbilder, Ikonen, Kerzen, Spitzen, Borten, Palmzweige, Sträußchen von der Kräuterweihe zu Mariä Himmelfahrt oder andere Blumen. Teils diente der Herrgottswinkel auch als Aufbewahrungsort für den Rosenkranz, die Bibel oder das Gesangbuch. Der Rosenkranz wurde dabei zuweilen so über das Kruzifix oder Bilder des Herzens Jesu und des unbefleckten Herzens Mariä gehängt, dass er selbst die Umrisse eines Herzens bildete.

Traditionellerweise setzte sich die ganze Familie bei häuslichen Andachten oder zu besonderen Tagen auf die Bank unter den Herrgottswinkel, um gemeinsam zu beten. Auch in den Rauhnächten sprach man hier gemeinsame Gebete und trat im Geiste in ein Zwiegespräch mit Gott oder den Ahnen.

ROSENKRANZ

Der Rosenkranz ist eine Zählkette, die für das Rosenkranzgebet verwendet wird. Dieses kann in unterschiedlichen Variationen gebetet werden. Insgesamt hat ein Rosenkranz 59 Perlen. 53 kleinere Perlen stehen jeweils für ein »Ave Maria« und sechs größere Perlen für ein »Vaterunser«. Ein »Vaterunser«, zehn »Ave Maria« und ein »Ehre sei dem Vater« ergeben ein »Gesätz«. Der Rosenkranz entwickelte sich allmählich aus der mittelalterlichen Frömmigkeit, ungefähr ab dem 12. Jahrhundert. Im Volksmund heißt er »Pater« oder »Päter« und eine Perle nennt sich »Päterchen«. Die seit dem Mittelalter zahllosen Legenden im Zusammenhang mit dem Rosenkranz haben ihn zu einem Talisman ersten Ranges werden lassen. Bei religiösen Anlässen wie Beichte, Kommunion, Hochzeit und Beerdigung trägt man einen Rosenkranz bei sich, er wird auch mit ins Grab gegeben. Zudem übt er eine Funktion als Schutzamulett aus.

Brauchtum: Spukgeister, Teufel und Dämonen verschwinden, wenn man einen Rosenkranz nach ihnen wirft. Wickelkindern legt man einen Rosenkranz in die Wiege oder in die Windel, das schützt sie vor dem Zugriff durch alles Böse und bewahrt vor Alpdrückern (Plagegeister) oder vor einem Austausch mit einem Wechselbalg (von bösen Geistern untergeschobenes, kränkliches oder hässliches Kind). Bei Verkauf oder Gebrauch eines anderen Rosenkranzes gehen alle positiven Wirkungen verloren.

DAS HERRGOTTSHÄUSERL

Ebenfalls in der Wohnstube, direkt neben der Eingangstür schützt das Herrgottshäuserl bereits vor dem Bösen Blick oder vor dem Eindringen schädlicher Kräfte. In der Vertiefung im Mauerwerk ruhen die Bibel des Hauses sowie ein Büschel geweihter Kräuter, oftmals der Kräuterbuschen, der zu Mariä Himmelfahrt geweiht wurde.

Brauchtum: Der Böse Blick ist im Volksglauben allgemein gefürchtet. Er wird Menschen zugeschrieben, deren Seele durch schlechte Eigenschaften wie zum Beispiel Neid, Zorn oder Eifersucht vergiftet ist. Diese negativen Gefühle können durch die Augen nach außen getragen werden und allein durch die »Augenstrahlen« kann anderen Menschen, Tieren oder gar leblosen Gegenständen Schaden zugefügt werden. Bei Menschen und Tieren kann der Böse Blick eines »Infizierten« im schlimmsten Fall zum Tod führen. Vor allem der Neid steht im Verdacht, dem Bösen Blick am stärksten zu Grunde zu liegen.

BREVERL

Ein Breverl ist ein mit Heiligenbildern, Sinnsprüchen, Anhängern sowie Gebeten oder Bibelversen versehener Faltzettel, der als Talisman und Heilmittel dient und bis ins 20. Jahrhundert hinein bekannt war. Beim Inhalt des Breverls handelt es sich um einen meist vierfach gefalteten, kleinen Zettel, auf dem ein neunteiliger Kupferstich mit Heiligenbildern abgebildet ist. Zuweilen sind unter den Heiligenbildern oft noch Zettel mit persönlichen Wünschen und Fürbitten untergeschoben. Breverl werden oftmals in einem fest vernähten und reich geschmückten Umschlag aus Stoff oder Leder aufbewahrt. Ist das Breverl einmal zugenäht, darf es nicht mehr geöffnet werden. Herzförmige Breverl werden an Wiegen und Kinderbettchen angebracht, um Krankheiten wie den plötzlichen Kindstod fernzuhalten. Breverl können um den Hals gehängt, in die Kleider eingenäht oder an den Rosenkranz gehängt werden. Sie sollen vor bösen Mächten, Dämonen und Besessenheit, Pest, Feuer, Unwetter und Soldaten vor Kugeln schützen. Breverl zählen zum alten Volksglauben und finden in der katholischen

Kirche weniger Zustimmung, obwohl sie oft an Wallfahrtsstätten verkauft wurden.

Brauchtum: Ein klassisches Breverl beinhaltet: neun kleine Heiligenbildlein, zum Beispiel vom heiligen Andreas oder heiligen Sebastian und ein lateinisches Gebet gegen Dämonenzugriff. Im mittleren Feld finden sich bestimmte Gegenstände: kleine Sebastianspfeile, Nachbildungen der Kreuznägel, Gnadenmünzen, Nepomukszungen, Palmkätzchen, rote Tuchstücke zur Hexenabwehr, kleine Gewandstücke aus der Kleidung Heiliger und ein Benediktuskreuz. Dieser Inhalt wird von einem Bildnis Mariens bedeckt.

WETTERSEGEN

Der Wettersegen ist ein alter Brauch in der katholischen Kirche, mit dem die Gläubigen Gott um gedeihliches Wetter für die Ernte, um die Verschonung vor Unwettern und um Schutz vor Katastrophen bitten. Die Geschichte des Wettersegens lässt sich bis ins frühe Mittelalter zurückverfolgen. In verschriftlichter Form kann der Wettersegen auf einem Zettel, zusammen mit allerlei Schutzamuletten in einem Rahmen zu einem Bild angeordnet, das ganze Jahr über zu Hause seine Schutzfunktion erfüllen.

HAUSSEGEN

Haussegen sind in der christlichen Volkstradition Segenssprüche und symbolträchtige Gegenstände für das Heim, die im Haus angebracht werden. Sie sollen das Haus, den gesamten Besitz und die Bewohner unter den Schutz Gottes stellen und dafür sorgen, dass keine Notlage einkehrt. Ursprünglich wurden die Segenssprüche entweder direkt auf die Wand aufgebracht oder in das Gebälk geschnitzt. Später kamen Tafeln mit dekorativen Verzierungen oder Bildmotiven auf, die an die Wand gehängt werden. Auch kleine Kästchen mit christlichen Stickmotiven, welche in ihrem Inneren einen Sinnspruch zum Schutz des Hauses sowie ein Stück Brot, um Hungersnöte zu vertreiben, Salz um böse, dämonische Einflüsse abzuwehren, einen Rosenkranz und/oder ein Marienmedaillon sowie eine Münze gegen Armut enthielten, sind weitläufig bekannt.

Brauchtum: Jeder Besucher, der das Haus betritt, entnimmt dem Salzsäckchen im Haussegen eine kleine Prise Salz, streut diese in den Flur und wünscht den Hausbesitzern auf diese Art Glück und Gesundheit.

KETTE MIT KREUZ- ODER MEDAILLENANHÄNGER

Bis in unsere heutige Zeit hinein sprechen wir Ketten mit Kreuzen oder Medaillenanhängern, die an christliche Geheimnisse, an Heilige oder heilige Orte erinnern, eine besondere Schutzfunktion zu. Medaillons oder Medaillen sind seit frühchristlich-byzantinischer Zeit bekannt und verbürgen Schutz vor allerlei Gefahren. Früher wurden sie häufig auch am Rosenkranz und an der Uhrkette getragen oder direkt in die Kleidung eingenäht. Oft werden sie bei einer Messe an einem Tag, welcher dem jeweils abgebildeten Heiligen zugeordnet war, geweiht und üben danach eine noch stärkere Schutzfunktion aus.

Brauchtum: Wachs, welches in der Dreikönigsnacht geweiht wurde, kann in eine münzgroße, flache Form gepresst werden. Ritzt man darin ein Schutzzeichen ein und trägt es am Körper, am besten in einer Brusttasche oder an einer Kette nahe am Herzen, dient es als persönliches Medaillon gegen Alpdrücker und Hexen jeder Art.

WACHSSTÖCKL

Vom 16. bis ins 19. Jahrhundert war der unverzierte Wachsstock ein einfaches, aber wertvolles Beleuchtungsmittel. Er hatte der Kerze gegenüber den Vorteil, dass man keinen Halter oder Ständer brauchte und er sich gut in der Jackentasche unterbringen ließ. Nachdem dieser Zweck nach und nach überflüssig wurde, begann er zu einem kostbaren, in Ehren gehaltenen Erinnerungsstück und Schutzgegenstand zu werden. Der aufwendig verzierte Wachsstock war eingebunden in den Ablauf des Lebens und des Jahres mit all

seinem Brauchtum und wurde bei vielen Gelegenheiten geweiht und verschenkt. Zur Hochzeit und zur Firmung wurden besonders schön geschmückte Wachsstöckl verschenkt, aber auch als Mitbringsel von Wallfahrten waren sie sehr begehrt. Wer ein weiteres Jahr bei seinem Bauern geblieben ist, erhielt neben dem Lohn auch einen Wachsstock. Wachsstöcke sind knäuelförmig aufgewickelte dünne Kerzenstränge, teils verziert mit christlichen Motiven. Die Wachsstöcke wurden in der Kirche gesegnet. Diese Tradition findet sich noch immer bei den Kerzensegnungen in den Gottesdiensten zu Mariä Lichtmess. An diesem Tag werden in den Kirchen Kerzen oder das Kerzenwachs geweiht, welches im Lauf des Jahres in den Gottesdiensten oder für den Hausgebrauch Verwendung findet. Die auf diese Art geweihten Wachsstöckl werden zu verschiedenen Anlässen wie Geburt, Taufe, Erstkommunion, Hochzeit, Krankensalbung oder bei schweren Unwettern angezündet. Unter dem Kopfkissen aufbewahrt, entfaltet das Wachsstöckl eine besondere Schutzfunktion.

Brauchtum: Ein geweihtes Wachsstöckl kann auch als Zeichen der Dankbarkeit, Zuneigung oder Liebe weiterverschenkt werden. Als Liebesgabe ist es von besonderer Bedeutung. Wird die Liebe erwidert, soll das Wachsstöckl stets wohl behütet neben dem Bett oder im Nachttischchen des Paares ruhen. Es sorgt für Harmonie und Kindersegen. Nimmt es durch eine Unachtsamkeit Schaden, wird auch die Beziehung oder die Ehe des Paares zerbrechen.

GEWEIHTER PALMBUSCHEN

Palmbuschen sind Büschel aus verschiedenen Pflanzen und Kräutern, oftmals schön verziert mit Krepppapier. Sie werden am Palmsonntag in der Messe geweiht und üben den Rest des Jahres im Haus oder im Stall eine Schutzfunktion aus. Palmbuschen werden aus sieben Pflanzen gebunden, die allesamt eine starke Beziehung zum Volksglauben und zur Volksmedizin haben: Buchsbaum ist ein Symbol des Lebens, Efeu steht für Ewigkeit und Treue, Hasel steht für Weisheit und Fruchtbarkeit, die Lärche ist ein heiliger Baum und Schutzbaum, die Salweide ist Zeichen von Auferstehung und Neubeginn, der Wacholder ist ein Schutzbaum, dürres Eichenlaub steht für das Vergängliche. Die Zweige sollten traditionsgemäß schon am Aschermittwoch geschnitten und ins Wasser

IN
RI

gestellt werden, gebunden wird dann am Samstag vor Palmsonntag, um sie in der Palmsonntagsmesse weihen zu lassen. Die geweihten Zweige werden dann an unterschiedlichen Orten angebracht: Im Feld sollen sie die Ernte schützen, unterm Dach vor Unwetter und Blitzeinschlag bewahren und im Stall Krankheiten abwehren. Einst war es auch üblich, drei Palmkätzchen zu verschlucken – man glaubte, auf diese Art vor innerlichen Erkrankungen geschützt zu sein.

Brauchtum: Sind an die Fenster am Haus oder im Stall Palmbuschen gesteckt, so kann keine Hexe eindringen. Oftmals werden aus den Ästen der Buschen kleine Kreuze geschnitzt und über die Eingangstüren genagelt. Häufig wird der geweihte Palmbuschen auch auf die Felder gesteckt, damit die Ernte von Hagel verschont bleibt.

BESEN

Der Besen ist ein Gebrauchsgegenstand, um den sich ein reicher Aberglaube rankt: Seine Bedeutung leitet sich von der Funktion des Fegens ab. Im übertragenen Sinn wird ihm so die Fähigkeit zum Abstreifen von Übel und zur Erneuerung zugesprochen. Man macht also etwas den »Kehraus« und wendet sich dann Hoffnungsvollerem zu. Kehrt man nun also vor seiner Haustür und ruft dreimal »hinaus, hinaus, hinaus« entschwindet alles Übel und alle Krankheit. Auch alte Flüche werden auf diese Art bereinigt.

Ein aufrecht an die Haustür gelehnter Besen verschließt in Abwesenheit der Bewohner das Haus vor unerwünschten Gästen, Gesindel und gar Hexen. Grundsätzlich werden Hexen dadurch entlarvt, dass sie keinen Besen überschreiten können.

Brauchtum: »Kehraus« – Mit Hilfe des Besens konnte man alles Schlechte einfach über die Türschwelle aus dem Hause fegen. Dies ist ein Ritual, das sich auch heute noch sehr einfach umsetzen lässt. Alles »Dunkle« und alle finsteren Energien werden symbolisch aus dem Haus gefegt. Dabei achtet man darauf, dass man auch die entlegensten Ecken erwischt und sich bildlich vorstellt, wie aller Ballast aus den Zimmern gekehrt wird. Man kann dabei formelhaft immer wieder folgenden Spruch aufsagen oder in Gedanken wiederholen: »Glück zieht herein, Pech kehr ich aus.«

Bannsymbole sind uns bereits kurz begegnet. Aufgrund ihrer großen Bedeutung für die Menschen damals sollten sie aber auch hier noch einmal angeführt werden. Verschiedene Zeichen, eingeritzt über einem Balken an der Haustür, sollten dämonische Kräfte und andere Schlechtigkeiten am Eindringen hindern. Ebenso können Kreidezeichen über der Haustür eine Schutzfunktion einnehmen. Noch immer relativ bekannt ist zum Beispiel der Brauch der Kreideinschrift am Dreikönigstag: Es werden zuerst die ersten beiden Ziffern der aktuellen Jahreszahl, dann die Buchstaben C+M+B und danach die letzten beiden Ziffern der Jahreszahl über den Eingangsbereich geschrieben. Die Buchstaben kürzen den lateinischen Spruch »Christus mansionem benedicat« ab, was auf Deutsch bedeutet »Christus segne dieses Haus«. Weniger bekannt als Schutzzeichen ist mittlerweile das Andreaskreuz. Es ist ein Kreuz mit zwei diagonal verlaufenden sich kreuzenden Balken. Der Name verweist auf den Apostel Andreas, der an einem solchen Kreuz als Märtyrer gestorben sein soll, wie Berichte aus dem 4. Jahrhundert nahelegen.

Das Pentagramm, der fünfzackige Stern, auch Drudenfuß genannt, war früher das Symbol der Hexen- und Zauberkunst. Im Begriff »Drudenfuß« steckt vielleicht nicht nur die Drud (weiblicher Druckgeist, der sich nachts auf die Brust des Schlafenden setzt) sondern viel älter noch die keltischen Priester, die Druiden.

Der sechszackige Stern, das Hexagramm, gilt als allmächtiges Symbol gegen alle Dämonen und Unwesen der Anderswelt.

Das »Schrattlgatterl« oder »Drudengatterl« besteht aus einem Stern als Grundlage, dessen oberes und unteres Ende von zwei senkrechten Balken begrenzt wird. Auch ihm werden wirksame Kräfte, vor allem gegen weibliche Geisterwesen nachgesagt.

Alle Schutzzeichen lassen sich beliebig miteinander kombinieren und verstärken ihre Wirkung wechselseitig.

Brauchtum: Vor allem für die Inschriften an den Türen wählt man weiße Kreide. Alten Überlieferungen nach können Geister die Farbe Weiß nicht sehen und wähnen sich auf diese Art in Sicherheit, bis sie kurz vor der Tür kraftvoll zurückgestoßen und auf diese Art vertrieben werden.

Die Rauhnächte

»Ach, überall spüre ich geheimnisvolle Beziehungen zwischen Einst und Jetzt.«
JOACHIM RINGELNATZ

Nachdem wir nun verschiedene Schutztechniken und -gegenstände kennengelernt haben, können wir den wilden Wesen der Rauhnächte begegnen und unseren Wissensschatz rund um den Themenkreis der Rauhnachtszeit erweitern. Vorab sei erwähnt, dass es nicht immer leicht ist, eindeutige historische Fakten zu den jeweiligen Brauchtümern zu finden. Vieles wurde nur mündlich weitergegeben und unterscheidet sich manchmal schon von einer Dorfgrenze zur nächsten. Es kann sich also immer nur um eine Sammlung verschiedener Überlieferungen handeln.

WOHER KOMMT DER AUSDRUCK »RAUHNACHT«

Bereits bei der Deutung des Begriffes »Rauhnacht« sind verschiedene Möglichkeiten gegeben: Eine sehr naheliegende und althergebrachte Erklärung lautet, dass es sich um die »rauhen«/»rauen« Nächte handelt, da es in diesen Nächten ja sehr wild und grob zugeht. Die allgemeine Empfehlung lautet, nach Einbruch der Dunkelheit das Haus nicht mehr zu verlassen, da ab dann allerlei raue Gesellen ihr Unwesen treiben und man Gefahr läuft, gepackt und gar mitgeschleppt zu werden. Diese Deutung zeigt sich auch in alten Überlieferungen, in denen von »Raunächten« die Rede ist.

Eine weitere Wortdeutung, die mittlerweile auf breit gefächerte Zustimmung gestoßen ist, kann aus dem Mittelhochdeutschen abgeleitet werden. Dort bedeutet »rûch« so viel wie »pelzig«, »haarig« oder »mit Fell bewachsen«.

Die unheimlichen Gestalten, die die Menschen sich in ihrer Fantasie ausmalten und die sie bestimmt oft auch im Schneetreiben, im Sturm, im dunklen Wald und in den Nebelschwaden zu erkennen glaubten, trugen in ihrer Vorstellung filzige, knotige Pelze, das »Ruchwerk«. Die Welt des germanischen Gottes Wotan und seines Gefolges wurde nach der Christianisierung vom 5. bis 8. Jahrhundert durch den Teufel und seine dämonischen Gefolgsleute ersetzt. Bei dieser Deutung denkt man sofort an die zotteligen Dämonengestalten und an die mit großem Lärm und Spektakel praktizierten Perchtenumzüge (Winteraustreiben).

Ebenfalls denkbar wäre, dass sich der Begriff von »raunen«, oder aber dem mittelhochdeutschen »rûne« (= Geheimnis) ableitet, da einem in der mystischen und orakelreichen Zeit der Rauhnächte sinnbildlich überirdische Geheimnisse ins Ohr geraunt werden.

Eine weitere Erklärung, welche die vielen Generationen vor uns mit einfasst, bezieht sich darauf, dass die ursprüngliche Bedeutung »Rauchnacht« lauten sollte. Bereits die Kelten und Germanen zelebrierten in diesen Tagen ausgiebige Räucherungen und dieser Brauch hat sich bis in die heutigen Tage erhalten. Die kraftvollsten Rauchnächte, welche sich am besten zum Räuchern eignen, sind der 21., der 24. sowie der 31. Dezember und vor allem der 5. Januar.

VERSCHIEDENE NAMEN DER ZWÖLF RAUHNÄCHTE

Um die ganze Angelegenheit noch komplizierter zu machen, gibt es zusätzlich zu den verschiedenen Begriffsdeutungen noch regional unterschiedliche Bezeichnungen der Rauhnächte.

So heißen sie im Bayerischen Wald schlicht »die Raacha«, was ebenfalls wieder an Rauch (= Raah) erinnert.

Ebenso geläufig ist die Bezeichnung »die Zwölften« für die zwölf heiligen Nächte oder aber »die Wolfsnächte«, eine schauerliche Erinnerung an die Zeit, als in den dunkelsten Tagen des Jahres die hungrigen Wolfsrudel nahe an die menschlichen Behausungen herankamen und deren Geheul oft nächtelang in den Siedlungen vernommen werden konnte.

Im süddeutschen Raum sind die Rauhnächte auch als »Raubnächte« bekannt, da man in ihnen ständig Gefahr lief, von den teuflischen Dämonen aufgegriffen und mitgeschleppt zu werden.

In katholischen Gegenden ist der Begriff »Glöckelnächte« bekannt, welcher sich auf das traditionelle kirchliche Glockengeläut bezieht, das auch heute noch in manchen Gegenden ab der Thomas- oder der Christnacht zwölf Nächte in Folge abgehalten wird, um böse Geister zu vertreiben. Eine andere Erklärung besagt, dass sich dieser Name von einem traditionellen Einkehrbrauch herleitet, bei dem junge Burschen an allen Haustüren »glöckelten« und Gaben und Speisespenden einsammelten.

Des Weiteren ist noch das Wort »Innernächte« oder regional auch »Internächte« eine sehr treffende Umschreibung der Rauhnächte. Man hält Einzug in sein Innerstes und lauscht auf Dinge, die einem während des restlichen Jahres verborgen bleiben.

Andere, heutzutage eher unbekannte Namen lauten: Unternächte, Zwischennächte, Still- oder Schweignächte sowie Mutternächte.

RELIGIÖSE HINTERGRÜNDE UND HISTORISCHE FAKTEN

——— Die Rauhnächte hoben sich schon immer vom normalen Kalenderlauf ab und markierten gewissermaßen eine Lücke oder Leerstelle in ihm. Diese kam vor Urzeiten zustande, als man vom Mondkalender abrückte und sich nach dem Lauf der Sonne richtete. Ursprünglich dauerte ein Mondjahr nur 354 Tage, das Sonnenjahr hingegen 365 Tage. Es entstand also eine Lücke, welche dadurch ausgeglichen wurde, dass man an das Ende des Mondjahres elf Tage und zwölf Nächte, die Rauhnächte, anhängte. Daher stammt auch die unheimlich anmutende Bezeichnung der Rauhnächte als »verlorene Nächte«.

Bereits bei den Kelten und Germanen gab es rund um die Zeit der Wintersonnwende besonders geheiligte Tage und mystische Nächte, welche »Weihnächte« genannt wurden. Den Rauhnächten wurde also schon vor Urzeiten eine ausgesprochen mystische Bedeutung angedacht.

Das Leben unserer Vorfahren war in der lichtlosen und kalten Winterzeit alles andere als idyllisch. Die Menschen mussten von den im Sommer und Herbst angelegten Nahrungsvorräten zehren. Schnee, Eis und Stürme machten ihnen zusätzlich das Leben schwer. Passend zu diesen äußerlichen Einflüssen erzählten sie sich Geschichten von winterlichen Unholden. Die Wilde Jagd galt für die Menschen damals als Erklärung für die heftigen Winterstürme. Man glaubt, dass sie zwischen dem Thomastag und dem Dreikönigstag durch die Lüfte brause, allen voran der »Wilde Jäger« Wotan.

Wenn wir heute die letzten Tage und Nächte im alten Jahr als »Zeit zwischen den Jahren« bezeichnen, geschieht dies noch in Anlehnung an jene alten Völker. Bereits damals wurde der Zeitraum zwischen dem 24. Dezember und dem 6. Januar, dem damaligen Beginn des neuen Jahres, so genannt. Und in dieser Zeit befanden sich die »Weihnächte«, seit jeher Nächte voller Magie und Mythen, in denen die Pforten zur Anderswelt offen standen und in denen sich deren Wesen ungehindert Zutritt in die Menschenwelt verschaffen konnten. Jede einzelne Nacht war einer bestimmten Gottheit geweiht und wurde für Opferungen und andere Kulthandlungen genutzt. Die Menschen damals glaubten, dass der Sonnengott am 21. Dezember den Kampf gegen die Dunkelheit gewonnen hatte und danach drei Tage ruhte. Am 24. Dezember hatte dann das Licht die Oberhand gewonnen und die Helligkeit kehrte zurück. Einen Anklang an diese Zeit, sowohl im Namen als auch in der Grundbedeutung, finden wir in unserem heutigen Weihnachtsfest. Christus galt den frühen Christen als Lichtbringer und Sonnengott und so wurde im 6. Jahrhundert n.Chr. Christi Geburt auf den 24. Dezember festgelegt und an die ursprüngliche Symbolkraft angeknüpft. Um den Vielgötterglauben der alten Völker aus den Köpfen der Menschen zu bekommen, wurden die anderen geweihten Nächte in Nächte »umgewandelt«, in denen anstatt der alten Götter nun Dämonen ihr Unwesen treiben. Deutlich sieht man das noch anhand zweier Beispiele: Aus der Nacht der heiligen Lucia, der lichtbringenden Göttin, wurde die »wuide, schiache Lutz« (= wilde, hässliche Luzie), eine grausige Schreckgestalt, die kleinen Kindern auflauert. Aus der Nacht des 21. Dezember, welche ursprünglich dem mächtigen Gott Thor oder Donar geweiht wurde, wurde die Nacht, in der der »bluadige Dammerl« (= der blutige Dammerl oder Thomas) umging und mit seinem Hammer, ebenfalls ein Attribut Thors, Schrecken unter die Menschen brachte. Auf diese Art stellte man sicher, dass die Leute in diesen Nächten zu Hause blieben und sich auf Christi Geburt vorbereiteten. Man muss also nicht zwangsläufig davon ausgehen, dass die frühen Christen alle heidnischen Vorstellungen gezielt ausrotten wollten, es fällt aber auf, dass manche Bräuche und Feierlichkeiten einer älteren Tradition folgten oder an ihr angelehnt waren.

In diesem Rückblick auf das Alte entdecken wir wieder die zwei Gesichter der Rauhnächte – das heilige, mystische aber auch das dunkle und dämonische. Diese Gegensatzpaare finden sich auch immer wieder in den alten Bräuchen und Traditionen. Das Gesicht des Dämonischen begegnet uns geballt in den »besonders starken« Rauhnächten, welche im Folgenden noch hervorgehoben werden. Wohingegen das heilige und freudige Gesicht in der Christnacht auf uns wartet. In dieser Nacht drückt sich all die Hoffnung auf Erlösung aus. Aber das Licht der Erlösung kann nur aus der tiefsten Dunkelheit geboren werden. Im Grunde sind die Rauhnächte also noch immer das, was sie für unsere Vorfahren bedeuteten. Heilige Nächte, die es uns ermöglichen, das Licht in der Dunkelheit zu erkennen. Sie laden uns auch in unseren Tagen noch ein, auch unsere Schattenseiten zu erkunden, die Dunkelheit zu feiern und auf diese Art zu neuem Licht zu finden.

WIE VIELE RAUHNÄCHTE GIBT ES?

Es gibt unterschiedliche Auffassungen und Aufzeichnungen darüber, welche Tage und Nächte nun tatsächlich gemeinschaftlich die Rauhnächte bilden. Je nach Region und gelebtem Brauchtum variiert diese Anzahl recht stark. So wird mancherorts der Beginn der Rauhnächte bereits am 13. Dezember, dem Luciafest, gesehen, wohingegen einer anderen, weit verbreiteten Auffassung nach die Nacht der Wintersonnwende, die Thomasnacht, als erste Rauhnacht galt. Schließt man die Thomasnacht in die Anzahl der Rauhnächte mit ein, kommt man insgesamt auf 13 Rauhnächte, was als ungerade und unheilvolle Zahl im starken Kontrast zu der Variante steht, bei der die Zählung mit der Christnacht beginnt und somit zwölf Nächte umfasst. Letztere ist die Deutungsweise, die heute noch am weitesten verbreitet ist. Sie beinhaltet zudem die Auslegung, dass eine Rauhnacht nicht die gewöhnliche Spanne einer Nacht sondern 24 Stunden, also einen kompletten Tag von 0.00 Uhr bis 24.00 Uhr andauert. So ist die erste Rauhnacht zum Beispiel im zeitlichen Rahmen des 25. Dezember von 0.00 Uhr bis 24.00 Uhr festzumachen. Schreitet man in dieser Zählweise fort bis zur letzten Rauhnacht am 5. Januar, welche um Mitternacht endet, ergeben sich daraus insgesamt zwölf heilige Nächte. Der 6. Januar wird bereits als Eintritt in das neue Jahr gerechnet. In vorliegender Ausführung wird jedoch die Thomasnacht als »Schwellenrauhnacht« mitbehandelt, weswegen hier von den 13 Rauhnächten gesprochen wird, welche nachfolgend detailliert aufgeschlüsselt werden, obwohl die Zählweise mit der 1. Rauhnacht in der Christnacht beginnt. Dadurch zeigt sich erneut, wie eng die Rauhnächte in allen Bereichen mit Licht und Schatten, mit Deutungsansätzen und Mysterien verwoben sind. So stehen sich hier die mystische, heilige Zahl zwölf, welche in vielen Kulturen eine bedeutende Rolle spielt, und die verrufene, unheilvolle Zahl 13, die immer schon mit dem Dämonischen in Verbindung gebracht wird, gegenüber. Es ist nicht eindeutig festlegbar, welche von ihnen letztendlich die Oberhand gewinnt. In diesen obskuren Interpretationsmöglichkeiten erkennen wir wieder das Wesen der Rauhnächte. Sie wollen etwas Verborgenes bleiben, was durch den Verstand nicht zu erfassen ist, was man vielmehr erfühlen oder mit dem Herzen begreifen muss. Und genau das fehlt uns in unseren heutigen Tagen: Das Ungewisse, das mit dem Verstand nicht zu erfassen ist. Auch auf diese Art behalten die »verlorenen Tage« einen gewissen Zauber und hüllen sich in Rauch und Nebel.

WANN BEGINNT UND WANN ENDET EINE RAUHNACHT?

——— Hier ergeben sich ebenfalls unterschiedliche Deutungsmöglichkeiten, welche obige Fragestellung ob der Anzahl der Raunächte widerspiegeln. In manchen Regionen beginnen die Rauhnächte um 0.00 Uhr und enden um 24.00 Uhr, sie umfassen auf diese Weise einen ganzen Tag. Aus anderen Regionen, vor allem aus Süddeutschland und Österreich, ist überliefert, dass eine Rauhnacht mit dem Abendgebetläuten um 18.00 Uhr beginnt und mit dem Morgengebetläuten um 6.00 Uhr endet. Nach dieser Vorstellung werden bereits im frühen Zwielicht der Abenddämmerung die Mächte der Dunkelheit aktiv und kommen aus ihren Verstecken hervor.

DIE »STÄRKSTEN« RAUHNÄCHTE

——— Um die Sache noch einmal zu verkomplizieren, soll noch erwähnt sein, dass manchmal auch nur vier Nächte als die »echten« Rauhnächte angesehen werden. Dabei handelt es sich um die Nacht der Wintersonnwende, die Thomasnacht (20./21. Dezember), welche auch als Schwelle in die Rauhnachtszeit gesehen werden kann, die Christnacht (24./25. Dezember), Silvester (31. Dezember/1. Januar) und die Nacht auf Heilig Drei König (5. Januar/ endet um Mitternacht). In der Tat wurde diesen Nächten immer schon eine sehr starke Energie zugesprochen. Viele Rituale konzentrieren sich auf diese Nächte und die Kräfte scheinen sich in ihnen nochmals zu verdichten. Die

Thomasnacht leitete die Rauhnachtszeit ein und die Dämonen versammelten sich von weit her, um ihre Kräfte zu bündeln.

In der Christnacht wird die Geburt Christi gefeiert, was die Dämonen und bösen Mächte der Dunkelheit erzürnt und aufs Stärkste reizt.

Die Neujahrsnacht markiert den Beginn eines neuen Jahres und die bösen Mächte fühlen sich besonders angespornt, dieses von Anfang an mit schlechter Energie zu besetzen.

Die stärkste und schlimmste Rauhnacht ist allerdings die Dreikönigsnacht. Die Dämonen spüren, dass der Abschied nahe ist und sie für längere Zeit zurück in die Dunkelheit müssen. Sie ballen also noch einmal all ihre Kräfte, um sich in den Häusern und Herzen der Menschen einzunisten. In dieser Nacht ist es von besonderer Bedeutung, Haus, Hof und auch sich selbst gut zu schützen.

WAS SIND LOSTAGE UND LOSNÄCHTE?

Die Begriffe Lostage oder Losnächte beziehen sich nicht nur auf die Rauhnächte, sind aber im Rauhnachtszyklus von großer Bedeutung. Allgemein markieren sie Zeitpunkte, an denen man, dem Volksglauben nach, durch »losen«, also durch zahlreiche magische Praktiken und Orakelvarianten, Zukünftiges, besonders über die eigenen Geschicke, zum Beispiel Heirat oder Kindersegen, erfahren konnte. Genauso besaßen unsere Vorfahren »Losbücher«, Wahrsagebücher, deren Inhalte Weissagungsmöglichkeiten über das Wetter oder andere alltägliche Belange beinhalteten. Die Antwort, also das »Los«, das man bei solchen Orakelmöglichkeiten zog, galt als von einer höheren Kraft verordnet und musste akzeptiert werden. Die gängige Redewendung »jemand hat ein schweres Los zu tragen« erinnert noch an diese alten Praktiken. Wo die Losnächte sich also eher auf das persönliche Schicksal beziehen, bieten die Lostage mehr Gelegenheit zu allgemeineren Orakelfragen, so zum Beispiel das Wetter der kommenden Monate und damit verbunden den Reichtum der Ernte betreffend. So galt zum Beispiel Siebenschläfer als wichtiger Tag, der vor allem für die Bauern von großer Bedeutung war. Im bäuerlichen Jahreslauf gab es zudem noch eine große Anzahl weiterer Lostage, die alle in sinnvoller Weise genutzt wurden, zum

Beispiel für die Aussaat oder das Einbringen der Ernte. Neben den zu erahnenden Tendenzen, die sich, zum Beispiel für das Wetter, aus jahrhundertelangen Beobachtungen ergeben hatten, spielte dennoch immer sowohl in die Lostage als auch in die Losnächte ein verborgener, mystischer Faktor mit hinein und machte sie so für den Volksglauben unverzichtbar wichtig.

Eine weitere Deutung für den Begriff der Losnächte soll nicht unerwähnt bleiben: Im alemannischen Sprachraum bedeutet das Wort »losen« so viel wie »genau hinhorchen«. Im bayerischen Dialekt findet man diese Entsprechung noch immer im Wort »lusen«, welches die gleiche Bedeutung trägt. So könnte der Begriff also auch Tage und Nächte markieren, in denen man besondere Geheimnisse und Wahrheiten erlauschen kann.

Brauchtum: Im Allgemeinen haben die Lostage einen sehr positiven Beiklang. Es sind nützliche Tage, die man voller Tatkraft begehen kann. Im Gegensatz dazu stehen die »Schwendtage« oder die »verworfenen Tage«. An diesen Tagen rät es sich nicht an, ein neues Projekt zu beginnen oder eine größere Arbeit zu verrichten. Es sei denn, es handelt sich um Aufgaben, bei denen Dinge aus dem Leben »verworfen« werden sollen oder mit alten Gewohnheiten gebrochen werden soll. Die bekanntesten Schwendtage sind der 1. April, der Geburtstag Judas, sowie der 1. Dezember, der Tag an dem Sodom und Gomorrha untergingen.

ALLGEMEINE VERHALTENS-REGELN UND VORSICHTS-MASSNAHMEN IN DEN RAUHNÄCHTEN

Auf die gleiche Weise wie sich manche Begriffserklärungen von Region zu Region unterscheiden können, gibt es eine Vielzahl regionaltypischer Brauchtümer und Verhaltensratschläge, die sich auf die Rauhnächte beziehen. Diese konnten oft schon von Dorf zu Dorf unterschiedlich sein. Begründet durch die Tatsache, dass sie nur mündlich überliefert wurden, ist es sehr schwer, ein allgemein gültiges Regelwerk aufzuführen. Für unsere Ahnen hatten all diese Brauchtümer und »Vorschriften« wesentliche Funktionen und Hintergründe. Vor allem in den Bereichen des verborgenen Zukünftigen, welches sich unmittelbar und oft existenziell auf das Leben auswirken würde, wie zum Beispiel die Fruchtbarkeit von Mensch und Tier und das Gedeihen der Ernte, war es für unsere Vorfahren von großer Bedeutung. Oft diente es auch zur Beruhigung, einen prophetischen Blick in das neue Jahr werfen zu können. Heutzutage sind diese Brauchtümer nahezu vergessen und in vielerlei Fällen sicherlich nur noch schwer nachvollziehbar. Dennoch sollten wir sie nicht ausschließlich als Humbug belächeln, folgen sie doch einer langen Tradition und nahmen einen wichtigen Stellenwert im Leben unserer Ahnen ein, das in vielerlei Hinsicht noch näher am wahren Kern des Lebens und enger mit allem Übersinnlichem verwoben war. So war es selbstverständlich, dass gute und böse Geister allgegenwärtig waren und belohnt oder besänftigt werden mussten. In der Rauhnachtszeit, in der die Präsenz dieser Geister überhandnahm und überall Kräfte mit guten oder weniger guten Absichten wahrgenommen werden konnten, war es daher von großer Wichtigkeit, sich an allerlei Regeln zu halten, um schadlos durch diese Tage zu kommen.

Im Folgenden sollen Verhaltensregeln angeführt werden, die sich in vielen Gegenden überschneiden oder überregional auf eine ähnliche Weise bekannt sind. Es werden sich manche Bräuche finden, die nur regionaltypisch zu verstehen sind, wohingegen andere weite Gegenden umspannen können. Dabei gestaltet es sich als unmöglich, alle Facetten aufzuzählen und jede Eigenart zu erfassen. Hier geht es um einen groben Überblick, um der tieferen Stimmung der Rauhnachtszeit näher zu kommen. Nicht alle Regeln wurden in allen Nächten eingehalten, manche bezogen sich nur auf die stärksten Rauhnächte. Viele sind auch nur mehr im Kontext des ländlichen Lebens von damals zu verstehen, dennoch sind auch einige Brauchtümer und Mythen mit erstaunlicher Aktualität zu finden. Vielfach lässt sich als Kernaussage festmachen, dass die Menschen in dieser Zeit alle beschwerlichen Arbeiten ruhen lassen sollen und ihnen so eine ruhige und besinnliche Stimmung auferlegt wurde. Auf diese Weise sollte der Geist für die Magie dieser Nächte und die Vorgänge in der Natur geschärft werden. Eine durchaus sinnvolle Intention, die wir in unserer heutigen Zeit, welche um ein vielfaches lauter und überladener geworden ist, ebenfalls gut beherzigen können. Als Übergangszeitpunkt wird oft das Abendgeläut genannt. Nach dem letzten Glockenton wurde das Geisterheer lebendig und versuchte, mit allerlei Kniffen, der Seelen der Menschen habhaft zu werden. Bis zu diesem Zeitpunkt sollte jede Tätigkeit im Freien abgeschlossen sein und man war am besten im Schutze des Hauses aufgehoben. Ansonsten konnte es sehr leicht passieren, dass man von einem unsichtbaren Geist befallen oder von der Wilden Jagd mitgerissen wurde. Aus diesem Grund waren die Wirtshäuser in jenen Nächten nur spärlich gefüllt, niemand wollte den späten Heimweg riskieren. Aber auch das Essen im Freien ist nicht zu empfehlen. Wer nach diesem Zeitpunkt im Freien noch Speisen zu sich nimmt, dem kann es leicht passieren, dass ihm ein Dämon in den Hals fährt und er das ganze Jahr unter Atemnot und Schluckbeschwerden leidet. Wer zu späterer Stunde noch Wasser im Freien abschöpft, gerät in Gefahr, eine giftige Substanz ins Haus zu bringen, die nur mehr so aussieht und riecht wie Wasser. Anhand dieser Beispiele wird bereits ersichtlich, wie hinterhältig und kniffreich die Geisterwesen mitunter vorgehen. Die folgenden Ratschläge sollten also in jedem Fall beherzigt werden:

- Lärm oder Streitigkeiten sollten in dieser Zeit im ganzen Haus tabu sein. Dazu gehört auch das Knallen mit Türen oder der grobe und lärmerzeugende Umgang mit Gegenständen aus dem Haushalt. Zerbrechen gar Gegenstände, weist dies darauf hin, dass eine Trennung bevorsteht. Diese Regel steht im Kontrast zu der gezielten Lärmerzeugung in manchen Rauhnächten, zum Beispiel durch Böllerschießen oder Feuerwerk. Durch diese Praktiken sollten Dämonen vertrieben werden, Krach und Unfrieden im Haus lockt sie jedoch an. Schlägt die Tür durch einen Luftzug zu, hat man im Sommer mit einem Blitzeinschlag zu rechnen.

- Allgemein gelten die Rauhnächte als Still- oder Schweigenächte: Muss man husten oder niesen, sollte dies in ein Tuch oder zumindest mit fest vor den Mund gepresster Hand geschehen, um zusätzlichen Lärm zu unterdrücken.
- Nach Einbruch der Dämmerung sollte das Haus nicht mehr verlassen werden, da man sonst allzu leicht von Geistern und Dämonen davongezerrt werden kann.
- Während der Rauhnachtstage sollten keine fremden Tiere, so zum Beispiel streunende Hunde oder Katzen, in Haus und Hof gelassen werden. Oftmals nehmen Hexen und Dämonen deren Gestalt an, um sich Zutritt zu einer Familie zu verschaffen und dort Streitigkeiten und Missstimmungen zu verbreiten. Bekreuzigt man sich dreimal vor einem verdächtigen Tier, löst sich dieses in Luft auf.
- Während der Rauhnächte darf man Bettler und Bedürftige nie abweisen, sondern sollte sie zu sich in die Stube nehmen und mit Speis und Trank bewirten, andernfalls erleidet man im neuen Jahr selbst eine Notsituation.
- Besen sollten immer in den Rauhnächten gebunden werden, dann schreibt man ihnen magische Fähigkeiten zu, zum Beispiel Krankheiten oder bösen Geistern »den Kehraus machen« zu können.
- Alle Räder müssen stillstehen. Während den Rauhnächten sollte sich nur das Schicksalsrad drehen, um die Ordnung für das neue Jahr einzuleiten. Andere drehende Räder würden nur Chaos in diesen Prozess bringen. Also darf in dieser Zeit nicht gesponnen, gewaschen oder gemahlen werden. Zudem sagt man, dass man beim Spinnen von Garn das Böse mit in die neu entstehenden Kleidungsstücke verwebt und der künftige Träger auf diese Art mit Krankheiten geschädigt werden wird.
- Jede drehende Bewegung, selbst die des eigenen Körpers um die eigene Achse, ist zu vermeiden.
- Es sollte immer Ordnung gehalten werden. Unordnung und Dreck ziehen die schaurigsten Dämonen an und locken sie in die Stube.
- Zwischen Weihnachten und Neujahr sollte nicht gewaschen werden. Dies kann unmittelbar den eigenen Tod zur Folge haben.

Dem Stifter
Dr. Alfred Berliner
BORZEL-BO

Träume
süß.

- Jegliche Art von Glücksspiel ist in den Rauhnächten strengstens untersagt. Es gibt eine Vielzahl von Berichten und Erzählungen über ein unheimliches und jähes Ableben von Menschen, die sich dieser Regel widersetzten.
- Keine Betten sollen draußen gelüftet oder Wäsche im Freien getrocknet werden. Die umherziehenden Wilden könnten sich in den Teilen verfangen und auf diese Art mit ins Haus und sogar an den eigenen Körper gelangen und dort Krankheiten auslösen. Vor allem bei weißer Wäsche war besonders große Vorsicht geboten, da die dunklen Dämonen die helle Farbe nicht wahrnehmen können und sich im Flug darin festsetzen. Regional war die Gestalt des Vogels »Kräf« (gleichbedeutend mit Krebs) bekannt, welcher sich auf die Betten setzte und die Mitglieder einer Familie gefährdete.
- Haare und Nägel sollen nicht geschnitten werden. Ansonsten kann man im neuen Jahr mit Kopfschmerzen, Haarausfall und Nagelentzündungen rechnen.
- Fehlende Knöpfe müssen umgehend ersetzt werden, ansonsten muss man im neuen Jahr mit Geldverlust rechnen.
- Streitigkeiten müssen bis spätestens zur Thomasnacht geklärt sein, ansonsten wird sich das Problem nie wieder lösen lassen.
- Wer während der Rauhnächte reichlich Nahrung zu sich nimmt, muss im neuen Jahr keine Hungersnot fürchten. Wird am Neujahrsabend Schweinefleisch mit Grünkohl verzehrt, hat man zudem im ganzen nächsten Jahr Glück zu erwarten.
- Hühner, die man mit Erbsen füttert, legen im neuen Jahr doppelt so viel.
- Jetzt ist die Zeit, um Heilkräuter anzuwenden, sei es für die persönliche Gesundheit oder zum Ausräuchern der Stuben. In den Rauhnächten ist ihre Wirkung um ein Vielfaches verstärkt.
- Treffen sich Liebespaare in der Rauhnachtszeit besonders oft, verstärkt dies das Band zwischen ihnen.
- Gute Bauern erlauben dem Gesinde, die Rauhnächte in der warmen Stube auf der Ofenbank zuzubringen und die Speisen am Tisch mit den Bauersleuten einzunehmen und werden dafür mit Treue und Tüchtigkeit im neuen Jahr belohnt.
- Den Kehricht aus dem Haus und den Mist aus dem Stall darf man nicht vor die Türe werfen, sonst wirft man zugleich das Glück mit aus dem Haus.

ÜBERREGIONAL VERBREITETE BRAUCH-TÜMER UND MYTHEN

Eine ähnliche Bewandtnis wie mit den Verhaltensregeln hat es auch mit den Mythen und Brauchtümern. Es gibt eine nicht festzuhaltende Vielzahl an verschiedenen Erzählungen, im Kern überschneiden sich jedoch viele. Allerdings haben auch sie, wie die Mehrzahl der angeführten Verhaltensregeln, die Aufgabe, die Menschen davon abzuhalten, sich in schwerwiegenden Tätigkeiten zu ergehen. Stattdessen sollen sie ihrem Innersten wieder näherkommen, zu sich selbst finden und auf die Stimmen der Natur lauschen.

DIE TIERE SPRECHEN IM STALL

Ein alter und weit verbreiteter Volksglaube besagt, dass sich in den Rauhnächten, vor allem in der Christnacht, die Tiere miteinander unterhalten. Man soll sie dabei aber nie heimlich belauschen, sonst erfährt man sein eigenes Unheil,

das einem unmittelbar bevorsteht. Es existieren viele Geschichten, in denen Menschen gezielt mit ihren liebsten Tieren in Kontakt traten und von ihnen Antworten auf quälende Fragen erhielten. Man dachte, dass Vögel, die viel herumkommen, über größere bevorstehende Ereignisse, wie zum Beispiel Kriege, Bescheid wissen, Hunde intuitiv spüren, was geschehen wird und Pferde und Kühe in die Zukunft sehen können. Letztendlich spiegelt dieser Mythos den uralten Wunsch der Menschen wider, in einer Einheit mit der Natur und der Tierwelt zu existieren.

DAS BELLEN DER HUNDE WIRKT PROPHETISCH

Bellt ein Hund während einer Rauhnacht in der Nähe, ist dies eine Bestätigung dafür, dass ein gerade gedachter Gedanke oder eine Ahnung sich erfüllen werden. Bellt ein Hund um Mitternacht in der Nähe des Hauses, verstirbt ein Familienmitglied binnen weniger Tage.

NACHTS IMMER EIN LICHT IM FENSTER BRENNEN LASSEN

Das Empfinden der Menschen gegenüber der Dunkelheit muss ein ganz anderes gewesen sein, als wir es heute bei uns nachvollziehen können. Die Dunkelheit gehörte wie selbstverständlich zum Leben und war nach Untergang der Sonne allgegenwärtig. Lichtquellen wie Kerzen oder Öllampen waren launisch und konnten leicht erlöschen. Zudem waren Wachs und Kerzen teuer und so konnte man es sich unter dem Jahr selten leisten, eine Kerze die ganze Nacht hindurch brennen zu lassen, nur um einen Raum zu erhellen. In den Rauhnächten allerdings stellten die Bauern Kerzen an alle vier Seiten ihres Hofes, in die Fenster des Wohnhauses und der Stallungen. Die Kerzen sollen die ganze Nacht hindurch brennen und auf diese Art allerlei Dämonen und Geister vom Haus fernhalten. Wie unheimlich mag es gewesen sein, wenn der Wind die Kerzen zum Erlöschen brachte und man in der Dunkelheit das Licht erneut anzünden musste.

DAS WETTER BEOBACHTEN

Wir haben bereits erfahren, dass das Wetter in den einzelnen Rauhnächten in unmittelbarem Zusammenhang mit dem Wetter der kommenden Monate des neuen Jahres steht. Auch allgemein kann man dem Wettergeschehen in den heiligen Nächten einige Informationen entnehmen. So kündigt viel Wind während der Rauhnächte ein unruhiges, unbequemes Jahr mit vielen Neuerungen an. Viel Nebel hingegen steht dafür, dass im neuen Jahr viele Dinge ans Licht kommen und bereinigt werden müssen. Helles und klares Wetter lässt auf ein glückliches neues Jahr schließen, in dem sich ein Herzenswunsch erfüllen wird. Beobachtet man während den Rauhnächten viele Eisblumen an den Fenstern und verstärkt Reif an den Zweigen der Bäume, wird die Ernte im neuen Jahr gut gedeihen und ertragreich ausfallen.

DEN ZUKÜNFTIGEN LIEBSTEN SEHEN

Vor allem für unverheiratete Frauen sind die Rauhnächte von großer Bedeutung. Begeben sie sich zum Beispiel in einer Nacht zu einem Wegkreuz, traditionellerweise Orte, denen magische Kräfte zugesprochen werden, können sie dort ihren zukünftigen Bräutigam schweigend vorbeischreiten sehen. Die Gestalt darf allerdings auf keinen Fall angesprochen oder ihr nachgeschaut werden, dies wird mit dem Tode bestraft. Zudem nehmen sie dadurch auch das Risiko in Kauf, von dämonischen Kräften überrascht zu werden, da sie sich in der Nacht außer Haus befinden. Neben dieser Möglichkeit, einen Blick in das zukünftige Liebesleben zu werfen, gibt es noch unzählige weitere Orakelmöglichkeiten, um zum Beispiel den Namen des künftigen Bräutigams herauszufinden oder zumindest die Richtung zu bestimmen, in der er wohnt.

WEGKREUZUNGEN ALS MAGISCHE PLÄTZE

In den Rauhnächten sind Straßen- und Wegkreuzungen Plätze, an denen sich magische und übernatürliche Erscheinungen verstärkt konzentrieren. So glaubt man, dass Teufel und Hexen sich an ihnen zum gemeinsamen Tanz treffen. Ist man besonders mutig und will eine dringliche Frage über die

eigene Zukunft beantwortet haben, kann man sich nach Einbruch der Dunkelheit mit einem Stück Kreide und etwas Salz an einer Wegkreuzung einfinden. Man setzt sich auf den Boden und zieht mit der Kreide einen Kreis um sich, welchen man zusätzlich mit Salz ausstreut. Nun kann man unbeschadet mit den Hexen in Kontakt treten, zumindest dann, wenn der Kreis groß genug gezogen ist, sodass sie einen nicht fassen können. Dieses Vorhaben funktioniert besonders gut in der Thomasnacht.

GEBURTEN IN DEN RAUHNÄCHTEN

Man glaubt, dass Kinder, die in den Rauhnächten geboren werden, mit dem »zweiten Gesicht« gesegnet sind. Das bedeutet, dass sie besonders feinfühlig auf alles Übernatürliche reagieren und in manchen Fällen die Zukunft voraussagen können. Zumindest aber sollen sie sich im weiteren Leben als äußerst sensibel und bedacht erweisen.

TRAUMERFÜLLUNG

Träume, die man in den Rauhnächten hat, gehen im neuen Jahr in Erfüllung. Werden sie in der ersten Nachthälfte bis Mitternacht geträumt, erfüllen sie sich in der ersten Hälfte des entsprechenden Rauhnachtsmonats. Träume der zweiten Nachthälfte werden sich in der zweiten Monatshälfte bewahrheiten.

DAS EIGENE SCHICKSAL BEEINFLUSSEN

Dieser Gedanke steht eng mit dem Ruhenlassen der Spinnräder in Verbindung. Im Volksglauben symbolisierte das Spinnrad immer auch das Weben der Zukunftsfäden. Überlässt man dies in den Rauhnächten vertrauensvoll höheren Mächten und kommt selbst zur Ruhe, glaubte man, dass auf diese Art das eigene Schicksal positiv beeinflusst werden kann. Es ist also auch ein gewisses Gottvertrauen, das in diesen Tagen noch einmal verstärkt gelebt wird.

Unterkategorien dieses umfangreichen und vielschichtigen Brauches waren in fast allen Regionen bekannt. Es gibt während der Rauhnächte mannigfache Möglichkeiten des Speiseopfers: So zum Beispiel für die verstorbenen Verwandten, um sie noch einmal an dem Genuss der Lebenden teilhaben zu lassen. Für die Tiere im Stall, um ihnen Gesundheit fürs neue Jahr zu schenken, aber auch für die bösen Kräfte und Mächte, für die Spukgestalten der Rauhnächte, um sie auf diese Art gnädig zu stimmen.

MYSTISCHE WESEN UND ERSCHEINUNGEN IN DER RAUHNACHTSZEIT

Viel haben wir nun bereits über die rauen Wesen der Rauhnächte erfahren und über Möglichkeiten, sich vor ihnen zu schützen. Dennoch konnten wir uns bisher noch kein genaues Bild machen von den dämonischen Kräften oder aber auch den guten Geistern, die in dieser Zeit durch die geöffneten Pforten der Anderswelt strömen und in Scharen über Felder, Flure und sogar durch den Himmel jagen oder versuchen, sich Zutritt in die Behausungen und Seelen der Menschen zu verschaffen. Genauso intensiv wie die Menschen damals an Gott glaubten und den Himmel mit Heiligen bevölkerten, die sie durch den Alltag begleiteten, genauso präzise waren die Vorstellungen der bösen und dämonischen Wesen, denen man in diesen Tagen überall begegnen konnte. Hier wird ebenfalls wieder die enge Verbindung des christlichen Glaubens zum Glauben der Urväter deutlich. Viele der Spukgestalten leiten sich von heidnischen Gottheiten ab und bewegen sich im gleichen Mythenkreis.

Bekannt und gefürchtet waren vor allem folgende Gestalten und Erscheinungen:

DIE WILDE JAGD

Überregional bekannt sind die Sagen und Mythen von der Wilden Jagd. Es existieren noch immer Sprichwörter, die sich auf diesen Mythos beziehen. So hört man alte Leute bei schlimmem Lärm schon einmal ausrufen: »Das ist ja schlimmer als bei der Wilden Jagd!« Der Ursprung dieser Erscheinung geht zurück bis in den Vielgötterglauben der germanischen Mythologie. Man versuchte, dadurch verschiedene Himmelserscheinungen wie das Nordlicht oder von wilden Stürmen dahinpeitschende Wolken zu erklären. Die Germanen sahen in solchen Momenten ihren Göttervater Wotan (oder Odin) auf seinem achtbeinigen Ross Sleipnir, gefolgt von allerlei wilden Kriegern und tierischen

Sagengestalten, zum Schlachtfeld reiten. Im Volksglauben verschwimmen diese alten Überlieferungen mit neueren Erscheinungen und man glaubte in der Wilden Jagd ein Heer an verlorenen Seelen zu erkennen, die ziellos über den Himmel irrten. Zudem können auch Frau Holle oder Frau Perchta die Wilde Jagd anführen. In ihrem Tross befinden sich allerlei weitere Dämonen und Sagengestalten in menschlicher und tierischer Form. Erneut sind die Überlieferungen regional sehr unterschiedlich. So wird von Geistern, Hexen, verfluchten Seelen und auch Tieren, wie Ziegenböcken und Geisterhunden erzählt.

Obwohl die Wilde Jagd zweifelsfrei einen beängstigenden Charakter hat, der sich verstärkt im Bunde mit Naturgewalten zeigt, (man vermeint sie vor allem während wild-brausenden Winterstürmen zu vernehmen) muss sie nicht als ausschließlich böse gewertet werden. In vielen Sagen hat sie auch einen schützenden oder helfenden Beiklang. Sie kann Fruchtbarkeit mit sich bringen und für eine gute Ernte sorgen. Während der Rauhnächte kommt allerdings mehr ihr dämonischer Aspekt zum Tragen. Die Wilde Jagd beschränkt in diesen Tagen ihre Fahrt nicht mehr nur auf die Lüfte, sondern begibt sich auch auf die Erde herab, und so versuchten die Menschen ihr, soweit es möglich war, auszuweichen. Nimmt man einen sich nähernden Sturm wahr, empfiehlt es sich, im Haus zu bleiben und Fenster und Türen geschlossen zu halten. Wird man auf einem Weg oder auf dem Feld von der Wilden Jagd gestellt, hilft es zuweilen, sich regungslos auf den Boden zu legen und Hände und Füße in Kreuzform zu überschlagen. Zudem kann man sich in einen Grenzgraben oder auf einen Kreuzweg retten. Als wirksame Schutzmittel gelten der Kreis, den man um sich zieht, geweihtes Salz, roter Knoblauch und Petersilie. Viele Bauern stellten auch Speisegaben vor ihre Haustür, vor allem Milch, Brot, Fleisch und Gebäckstücke, um die Wilde Jagd milde zu stimmen.

Brauchtum: Je wilder die Wilde Jagd in den Rauhnächten durch die Lüfte fegt (= je stürmischer es war), desto fruchtbarer wird das neue Jahr.

DRUDEN UND ANDERE ALPDRÜCKER

Druden waren von der Landbevölkerung zwar das ganze Jahr über gefürchtet, kommen aber in der magisch aufgeladenen Stimmung der Rauhnächte zu noch größerer Kraft. Druden (manchmal auch Truden oder Truten) sind gespenstische Wesen aus der Sippe der Alpdrücker. Das heißt, sie erscheinen bei Nacht, wenn das auserwählte Opfer, es konnte sich hierbei sowohl um Menschen als auch um Tiere handeln, fest schläft. Sie setzen sich auf die Brust des Schlafenden, was akute Albträume sowie Beklemmung und Atemnot bis hin zum Ersticken verursacht. Meist handelt es sich um Frauen, die dazu verdammt sind, sich jede Nacht ein Opfer zum Drücken, hauptsächlich aus dem eigenen Haushalt, suchen zu müssen: Erwachsene, Kinder und Haustiere, bevorzugt Kühe und Pferde, werden heimgesucht. Eine abwehrende Wirkung sollen sogenannte Drudensteine (auch Hühnergötter genannt) haben, bei welchen es sich um Kieselsteine mit einem natürlichen Loch handelt. Diese werden während der Rauhnächte zur Abwehr an einem Band um den Hals getragen oder allgemeiner im Dachstuhl des Hauses aufgehängt. Uralt ist ebenfalls die Überlieferung, dass ein Drudenfuß (ein Pentagramm) welcher an der Fußseite des Bettes oder an der Stalltür eingeritzt ist, die Druden vom eigenen Leib und von den Tieren fernhält. Auch mit Kreide oder Wachs kann man einen Drudenfuß aufzeichnen. Besondere Wirksamkeit erhält das Zeichen, wenn man dabei folgende Worte spricht: »Trudenkopf, ich verbitte dir, mein Haus und Hof, mein Roß- und Kuhstall, ich verbitte dir meine Bettstatt, mein Fleisch und Blut, mein Leib und Seele.«

Verschiedene weitere Wesen fallen unter die Bezeichnung Alpdrücker, so zum Beispiel Nachtmahre, Alpdämonen und Schrättele.

Brauchtum: Als bekannter Abwehrzauber gegen jegliche Art der Alpdrücker galten die Schutzsymboliken, eingeritzt in Haus- und Stalltüren, aber auch in Möbeln (siehe Kapitel: Altbekannte religiöse Glücksamulette und Schutzzauber). Es hilft auch, wenn man die Schlüssellöcher mit Pferdehaar oder Schweineborsten verstopft, um einen überraschenden nächtlichen Besuch auszuschließen. Als Alpdrücker wird man meist geboren. So heißt es, dass von sieben Jungen einer ein Nachtmahr und von sieben Mädchen eines eine Drud sei. Kinder, die in der Geisterstunde geboren werden oder bei deren Taufe ein Fremder durchs Schlüsselloch schaut, sind ebenfalls gefährdet. Alpdrücker können geheilt werden, wenn man sie beim Drücken erwischt, sie dabei dreimal mit ihrem Taufnamen anruft und ihnen eine Schüssel Weihwasser über den Kopf schüttet.

HEXEN

Hexen gelten als bösartige Zauberinnen. Sie verzaubern Vieh, entfachen Feuer, stiften Unruhe und Streit, verfluchen und verwünschen Menschen. Sie können sich selbst in einen Geißbock oder eine Kröte verwandeln und oft ist auch ein Geißbock ihr Begleiter. In den Rauhnächten kommen auch die Hexen zu großer Kraft und tanzen wild durch Stuben und Höfe. Ein Buschen Scheuchkräuter (Johanniskraut und Wachholder) vor der Haus- oder Stalltür hält die Hexen fern. Ebenso wirkungsvoll soll ein Reisigbesen, der mit dem Kopf nach oben vor die Tür gelehnt wird, sein. Dabei muss man nur Acht geben, dass die Hexe sich seiner nicht bemächtigt und davonfliegt.

Brauchtum: Hexen stehen immer auch unmittelbar mit ungemütlichem Wetter in Verbindung. So werden sie für Gewitter, Wirbelwind und Hagel verantwortlich gemacht. Eine früher gebräuchliche Bezeichnung für diese Witterungserscheinungen war »Hexenwetter«. Fällt in den Rauhnächten Hagel, weiß man, dass die Hexen besonders ausgelassen über den Himmel fegen, vor Freude Purzelbäume schlagen und aus Boshaftigkeit Hagelkörner auf die Menschen werfen.

DIE HABERGOASS (HABERGEISS)

Bei der Habergoaß handelt es sich um eine, vor allem in Bayern bekannte, tierische Sagengestalt, die das ganze Jahr über zu verschiedenen Ereignissen in Erscheinung treten kann. So lässt sich dann auch ihr Name ganz leicht aus dem Bayerischen herleiten: »Haber« steht für Hafer und »Goaß« ist das bayerische Wort für Ziege. Ihr Erscheinungsbild ist halb Bock, halb Ziege, meistens auf den beiden Hinterbeinen wandelnd und als überdimensional groß beschrieben. Zu sehen ist sie nur schwer, für gewöhnlich wird meist nur ihr Meckern vom Wind in die Dörfer getragen. Während der Erntezeit wird sie vor allem mit dem Gedeihen der Feldfrüchte in Verbindung gebracht. Hören im Frühjahr die Bauern das Meckern, wissen sie, dass ein fruchtbares Feldjahr bevorstehen wird. Man sagt: Je höher die Habergoaß springt, desto höher steht im Sommer das Getreide. Erklingt das Meckern allerdings im Spätsommer, fürchtet man die Geiß. Dann wissen die Bauern, dass sie niedergedrücktes Korn und eine zerstörte Ernte zu erwarten haben, da die Habergoaß zu ausgelassen im stampfenden Tanz durch die Felder springt. Es existieren viele Berichte über niedergetrampelte Flächen im Getreidefeld, in denen zusätzlich Hufabdrücke auszumachen waren. Während der Rauhnächte nimmt die Habergoaß noch einmal eine dämonischere Form an und kann sich im Zug der Wilden Jagd befinden. Vernimmt man dann ihr Meckern zwischen dem Sturmesbrausen oder erhascht gar einen Blick von ihr, gilt das als sichere Todesbotschaft.

Brauchtum: Der charakteristische Schrei der Habergoaß kündet in den Rauhnächten den Tod. Wer ihn nachahmt, wird von ihr misshandelt und zerrissen.

DIE RAUHWUGGERL

Rauhwuggerl sind Wesen, die vor allem im Bayerischen Wald bekannt sind. In ihren Verhaltenszügen stehen sie den Krampussen nahe. Es handelt sich bei ihnen um Geister oder Dämonen mit schrecklichen Fratzen, leuchtenden Augen, einem haarigen Körper und Hörnern auf dem Kopf, welche ausgeschickt werden, um böse Menschen oder uneinsichtige Sünder aus ihren Stuben zu holen. Vor allem bei Kindern sind sie ob ihrer lauten und unwirschen

Art gefürchtet. Früher lautete eine gängige Drohung gegenüber ungehorsamen Kindern: »Gleich holen dich die Rauhwuggerl!« Alten Sagen nach handelt es sich bei ihnen um Menschen, die ihre Seele an den Teufel verkauft haben. Dieser zwang ihnen eine Gestalt, der seinigen ähnlich, auf und nötigte sie, in den Rauhnächten umzugehen.

DER KRAMPUS

Der Krampus ist vor allem als böser Begleiter des heiligen Nikolaus bekannt. Er hat ebenfalls ein düsteres Äußeres, ein geschwärztes Gesicht und ist meist mit einem schwarzen Mantel mit Kapuze bekleidet. Über seine Schulter hat er einen Sack geworfen, um bei den Nikolausbesuchen den Kindern zu drohen, dass er sie in denselben steckt und mitnimmt. Früher wurde dies vor allem von den Eltern als Drohung verwendet, wenn die Kinder gar zu unartig wurden und nicht folgen wollten. Ein verkleideter Krampus zog mit dem Nikolaus durch die Dörfer und besuchte am Nikolaustag die Kinder in den Stuben. Es sind einige Geschichten überliefert, bei denen der Krampus die Eltern mehrmals fragte, ob er die Kinder mitnehmen sollte. Die Eltern wollten den Kindern eine Lektion erteilen, in der Annahme, dass der verkleidete Krampus sie draußen wieder aus dem Sack lassen würde. Als aber nach dreimaligem Nachfragen die Eltern noch immer keinen Einhalt geboten, steckte der Krampus die Kinder in den Sack und verschwand mit einem lauten Knall aus der Stube. Die Kinder kehrten nie wieder heim. Dabei handelte es sich um den echten, bösen Krampus, der auch in den Rauhnächten umherzieht. Sind Kinder nach dem Abendläuten noch auf den Straßen unterwegs, kann er hinter einer Hausecke lauern und sie mit in die Anderswelt nehmen.

DER »BLUADIGE DAMMERL« (= BLUTIGER THOMAS)/(HAUPTSÄCHLICH IN BAYERN)

Eine weitere schauderhafte Gestalt, die sich im Geleit der Wilden Jagd befindet und in der Nacht der Wintersonnwende besonders starke Kraft erlangt, ist der bluadige Dammerl. Der Dammerl ist mit einem Ziegenfell bekleidet und trägt einen schweren Hammer und eine Eisenkette bei sich, mit der er schrecklich rasselnd durch die Stuben geht. Oft hat er noch einen blutigen Schweinefuß in der Hand, mit dem er die Haustüren bestreicht. Diese Schreckgestalt versetzt ebenfalls vor allem die Kinder in Angst und Schrecken und sie verstecken sich sofort, sobald sie das Kettengerassel hören.

DER TEUFEL UND ANDERE DÄMONEN

In den verlorenen Tagen ist es sogar dem Teufel persönlich ein Leichtes, die Tiefen der Hölle zu verlassen und auf der Erde verkleidet sein Unwesen zu treiben. Die Schreckgestalt des Teufels ist christlichen Ursprungs. Der Bibel nach ist es Luzifer, der sich über Gott stellte und vom Erzengel Michael in die Tiefen der Hölle verbannt wurde. Dargestellt wird der Teufel meist als stark behaarte, menschliche Gestalt mit Hörnern, langem Schwanz und behuften Füßen. Den Menschen tritt der Teufel oft in harmloser Gestalt, zum Beispiel als Jäger, entgegen, um ihnen gewisse Versprechen zu entlocken. In seinem Gefolge befinden sich meist allerhand schaurige Dämonen und andere Unholde, die ebenfalls verschiedene Gestalten annehmen und sich der Seelen der Menschen bemächtigen können. Auf diesem Glauben beruht der Ratschlag, während der Rauhnachtszeit weder unbekannten Menschen noch Tieren zu trauen und sich von allem Fremden fernzuhalten.

Brauchtum: Abgewehrt wird der Teufel durch zwölffaches Glockengeläut, Weihwasser aus der Heiligen Nacht oder durch einen frommen Spruch.

DIE WERWÖLFE

Ein alter Name des Monats Dezember lautete »Wolfsmond«, in Erinnerung an die Zeit, als die Wölfe in strengen Wintern eine Gefahr für Mensch und Vieh darstellten und zuweilen auf der Suche nach Beute bis in die Siedlungen vordrangen. So galt der Wolf bereits früh als ein Tier des Winters und der Kälte, von dem eine stete Bedrohung ausging. Aufgrund dieser Angst rankten sich bald viele Sagen und Mythen um ihn und führten vermutlich dazu, dass man während der Rauhnachtszeit das Wort »Wolf« nicht einmal in den Mund nehmen darf. Denn sonst lauert einem dieser in der nächsten Nacht auf und zerreißt einen auf der Stelle. Bei Werwölfen hingegen handelt es sich um Menschen, die nur zu bestimmten Zeitpunkten, etwa in Vollmondnächten oder in den Rauhnächten, aus ihrer menschlichen Hülle fahren und die Gestalt eines Wolfes annehmen, der besonders groß und schauerlich anzusehen ist. Im alten Volksglauben wird erzählt, dass die Verwandlung in einen Werwolf durch das Anziehen eines bestimmten Gürtels erfolgt. Dieser sollte aus der Haut eines Gehängten angefertigt sein und von sieben Zungen zusammengehalten werden. In Anlehnung an diese Erzählungen sehen wir auch heute noch, vor allem während des Perchtentreibens, junge Burschen in Wolfsfellen, die mit einem Gürtel zusammengeschnürt sind. Als wirksame Abwehr gegen Wehrwölfe gelten Medaillons aus Silber, vor allem mit einer Madonnenprägung.

Brauchtum: Werwölfe oder Wölfe allgemein fürchten sich vor der Heiligkeit des Mondes, weswegen man in Nächten mit großem, klaren Mond verstärkt Wolfsgeheul vernehmen kann. In solchen Nächten schließen sich die Wölfe auch der Wilden Jagd an und umspringen ihren Zug. Auch hier finden sich wieder Wurzeln bis zurück in die germanische Mythologie, als die Wölfe als heilige Tiere galten, die die Götter und vor allem den Göttervater Odin begleiteten. Gibt es während der Rauhnächte viel Wolfsgeheul, lässt dies zudem auf einen lang andauernden Winter und große Kälte schließen.

DER (GE)TREUE ECKHARDT

Der (Ge)treue Eckhardt ist kein blutdürstiger Rauhnachtsgeselle, sondern eher ein gutmütiger Beschützer der Menschen während dieser Zeit. Oft eilt er der Wilden Jagd als Vorhut voraus und warnt so manches Mal die Menschen vor dem Eintreffen des dämonischen Heeres. Er wird als weißbärtiger Mann mit Wurzelstock beschrieben und einige Geschichten sind überliefert, in denen er Rauhnachtsopfer entschädigt, ihre Wunden heilt oder zerstörte Gegenstände wiederherstellt.

FRAU HOLLE (VERSCHWIMMT OFT MIT PERCHTA, HULDA, HULDRA, FRIGG, FRIGGA)

Während der Rauhnachtszeit kann die eigentlich sonst gütige Frau Holle, die Göttin Hulda, ihre wilde Seite zeigen. Die von ihr angeführte Wilde Jagd wird von neun Kinderseelen und einer Schar aus Hexen, Druden und anderen Naturgeistern begleitet und braust nach Einbruch der Dämmerung über den Himmel. Auch hier empfiehlt es sich, nach dem Abendläuten das Haus nicht mehr zu verlassen, um nicht Gefahr zu laufen, von Frau Holle mitgerissen zu werden. Die Polarität der Rauhnächte, der stetige Grat zwischen Gut und Böse, Wildheit und Besinnlichkeit, lässt sich auch in der Sagengestalt der Frau Holle wiedererkennen. Lässt man während der Rauhnachtstage seine Arbeit ruhen, hält Einkehr in sich selbst und besinnt sich wieder auf seine inneren Fähigkeiten, kann das Frau Holle leicht milde stimmen. Eine weitere Möglichkeit, die von ihr angeführte Wilde Jagd zu besänftigen, gestaltet sich folgendermaßen: Man sucht einen Holunderbusch auf, die Pflanze, die Frau Holle zugesprochen wird und in der sich die drei Stufen der Weiblichkeit (Jungfrau, Mutter und Greisin als Blüte, unreife und reife Früchte) widerspiegeln, und behängt ihn mit verschiedenen Opfergaben, zum Beispiel kleinen Gebäckstücken oder Handarbeiten.

Brauchtum: Frau Holle ist ebenso wie die Göttin Perchta dafür zuständig, darauf zu achten, dass die Arbeitsverbote, allen voran das Spinnverbot während der Zwölften eingehalten wird. Obwohl es einen Bannvers gibt, ist man besser beraten, das Verbot einzuhalten. Der alte Bannvers, um sich Frau Holle vom Leib zu halten lautet: »Holla, Holla mit dem Haar – Morgen ist gesponnen gar!«

DIE GÖTTIN PERCHTA

Eine weitere weibliche Göttin, die in der Rauhnachtszeit eine Rolle spielt, ist Perchta oder auch Berchta. Im Mittelhochdeutschen bedeutet »bercht« »strahlend«, »leuchtend«. Ihre Entsprechung findet Perchta also demnach in der christlichen Heiligen Lucia, deren Ehrentag seit dem 16. Jahrhundert am 13. Dezember gefeiert wird. Auch in der heiligen Lucia findet man die Äquivalenz der Rauhnachtszeit. So tritt sie zum einen als strahlende Lichtbringerin in Erscheinung, ist aber auf der anderen Seite im Volksglauben auch als »wuide, schiache Lutz« (= wilde, hässliche Lucia) bekannt, die kleinen Kindern auflauert und ihnen den Magen aufschneidet. Durch diese Doppelseitigkeit kann Perchta die wilden, unzähmbaren Kräfte der Natur und die Rauheit des Winters genauso symbolisieren wie das Erwachen des Frühlings und die warmen, lichten Kräfte. Perchta ist meistens begleitet von einem Zug Heimchen, kleine Kinder, die einander in Größe und Gestalt sehr ähnlich sind. In vielen Regionen werden die Heimchen auch als die Seelen ungetauft verstorbener Kinder angesehen. Zudem ist Perchta auch die Hüterin der Spinnräder. Während der Rauhnächte achtet sie besonders darauf, dass das Spinnverbot eingehalten und nicht gewaschen oder geputzt wird. Wird eine Frau regelbrüchig, erscheint Perchta in ihrer Stube, verwirrt Garn und Faden oder setzt gleich das ganze Spinnrad in Brand und zerstört die Wäsche auf der Leine.

Sie kann auch als Muttergöttin angesehen werden, die die Mutter Erde symbolisiert und durch deren Erscheinen am 6. Januar als Verkünderin des Lichts das Ende der dunklen Jahreszeit eingeläutet wird.

Einer der wenigen alten Bräuche, die sich bis heute in überregionalem Umfang erhalten haben, ist der Brauch der Perchtenumzüge oder des Perchtentreibens zu Ehren der Göttin Perchta.

Brauchtum: Speiseopfer für die Perchta sollen sein: Fisch oder Grütze, welche man auf die Fensterbank stellt. Auch trinkt die Perchta gerne Bier. Trinkt sie aus einem Krug, wird dieser unerschöpflich. Zudem liebt die Perchta Körneropfer und Nüsse. Diese stellt man auf das Dach und die Perchta fährt durch die Luft und holt sich die Gaben ab.

Katzen sind die Lieblingstiere der Frau Perchta. Sind Katzen in der Nähe, wird sie sich immer von ihrer sanftesten Seite zeigen und man hat keine Gefahr zu fürchten.

PERCHTENBRAUCH UND PERCHTENLÄUFE

Leider sind die wahren Hintergründe hinter dem Spektakel des Perchtentreibens nur noch sehr wenigen bekannt. So gilt es heutzutage hauptsächlich als ein Massenereignis, bei dem man leicht ins Gruseln kommen kann, denn die geheimnisvolle, mystische Energie, die die Umzüge seit jeher umgab, ist noch immer spürbar. Die Perchtnacht wird vom 5. auf den 6. Januar gefeiert. In ihr finden die meisten Umzüge statt. Die Göttin Perchta führt bei diesen Umzügen ein Gefolge aus allerlei wilden und rauen Gesellen an. Meist trägt sie dabei eine doppelgesichtige Maske, die einerseits ein freundliches, menschliches Gesicht, andererseits eine wilde, verzerrte Fratze zeigt. Zu den traditionellen Figuren dieses Gefolges zählen Dämonen mit schaurigen Masken und riesigen Hörnern, Hexen, Bären und Bärentreiber, die Habergoaß und andere Geister-, Natur- und Höllenwesen. Gemeinsam ziehen sie durch die Orte, Gehöfte und Ställe. Begleitet ist dieser Umzug von wildem Gebaren, Schreien, Tanzen, Toben, Stampfen und anderen lärmverursachenden Handlungen, zum Beispiel dem Schnalzen von Peitschen. Dadurch sollten die bösen Geister des Winters ausgetrieben und die noch in der Erde schlummernden Samen zu neuem Leben erweckt werden. Jedoch nicht nur furchteinflößende Gestalten nehmen an den Umzügen teil, auch liebliche Masken, mit Blumen geschmückt, sind unter den hässlichen Fratzen auszumachen. Die »Schönperchten« stehen im starken Kontrast zu den hässlichen »Schiachperchten« (schiach = bayerisch, österreichisch: hässlich, grausig) und symbolisieren den nahenden Frühling und die Wiedergeburt des Lichts. So finden wir auch in der uralten Tradition des Perchtentreibens den, in den Rauhnächten stärker als sonst, allgegenwärtigen Kontrast elementarer Gegensatzpaare von Leben und Tod, Licht und Dunkel, Frühling und Winter und der diesseitigen und der jenseitigen Welt. Zu keiner anderen Zeit im Jahr sind die Grenzen so verschwommen und die Kontraste so stark greifbar.

Brauchtum: Je lauter das Getöse des Perchtenumzuges durch Schellengeläute und Kettenrasseln, Schreien, Stampfen und Peitschenknallen und je mehr Perchtenläufer an einem Umzug teilnehmen, desto fruchtbarer wird das neue Jahr. Dies bezieht sich eher auf die Fruchtbarkeit und den Ertrag der Obstbäume. Die Sternsinger, die auf den Feldern herumstampfen, fördern die Fruchtbarkeit der Äcker und Böden.

NATURPHÄNOMENE IN DER RAUHNACHTSZEIT

Auch in der Natur sind die starken Kontraste der Rauhnachtstage wahrnehmbar. Vor dem 21. Dezember, dem Tag der Wintersonnwende, erleben wir, dass die Sonne in immer kleiner werdenden Bögen über den Himmel wandelt und schließlich die Nacht am längsten und die Dunkelheit am stärksten ist. Für einen kurzen Moment scheint die Dunkelheit über das Licht zu triumphieren, doch schon tritt der Wendepunkt ein und die Tage werden wieder länger. Das Licht ist in diesen Tagen durch den sehr tiefen Sonnenstand und den dadurch bedingten schrägen Sonneneinfallswinkel von einer ganz besonderen Qualität. Ein warmes Licht mit einem golden schimmernden Glanz begleitet uns an klaren Tagen durch die Rauhnachtszeit. Der Himmel strahlt in diesen Nächten manchmal besonders klar und selten sind so viele Sterne zu erkennen wie in den frostigen Dezembernächten. Die Schneedecke liegt sanft über der Natur und deckt die gesamte Pflanzenwelt zu, die Tiere haben sich in ihre Winterquartiere zurückgezogen. Alles scheint zu einem Stillstand gekommen zu sein und für einen kurzen Moment inne zu halten und nach innen zu lauschen. Aber ab dem 24. Dezember hat diese Ruhephase ein Ende. Die Samen beginnen in der Erde langsam zu keimen und die Bäume bereiten sich auf den frischen Trieb vor.

Genauso sollten es auch die Menschen handhaben. Diese kurze Phase der Ruhe sollte genutzt werden, um sich wieder auf den wahren Kern des Lebens zu besinnen. Alte Dämonen sollten ausgetrieben werden, um mit neuer Kraft ein neues Jahr beginnen zu können.

Schritt für Schritt durch die Rauhnächte

»Um der Zukunft willen soll der Mensch
die Vergangenheit hochhalten,
sie soll ihm heiligen die Gegenwart.«
JEREMIAS GOTTHELF

Viel haben wir nun schon von den Ursprüngen der Rauhnächte erfahren und von den wilden Wesen, die in ihnen umgehen. Wir haben Schutzzauber kennengelernt und uralten Bräuchen nachgespürt. Wir können uns viel besser in das Leben der Ahnen und in die Wurzeln der einzelnen Bräuche hineinfühlen und erkennen große Gesamtzusammenhänge.

Mit all diesem Wissen ist es nun an der Zeit, die einzelnen Rauhnächte genauer zu erkunden. Welche Hintergründe liegen ihnen zugrunde, welche besonderen Möglichkeiten in Bezug auf Orakel und Rituale bieten sie und welche alten Brauchtümer sind noch in ihnen enthalten? Bei der Nachforschung zu den unterschiedlichen alten Bräuchen und Orakeln, welche sich auf die jeweiligen Tage beziehen, zeigte sich eine unglaubliche Fülle. Es kann sich hier also nicht annähernd um eine vollständige Aufzählung handeln, vielmehr wurden unterschiedliche Bräuche aus verschiedenen Regionen ausgewählt, um die enorme Vielfalt erkennbar zu machen.

Im Anschluss wird jeweils ein Vorschlag zur Gestaltung des Tages, oder ein Tagesthema aufgeführt, manchmal ergibt sich daraus auch die Anregung für ein Ritual. Dies kann aber beliebig gehalten und nach dem gerade gegenwärtigen Gefühl entschieden werden.

Abgerundet werden diese Kapitel von einem Märchen oder einer althergebrachten Sage, die zu der jeweiligen Nacht passen.

Zu Beginn, und sozusagen als Schwelle zu den eigentlichen Rauhnächten, wird die Thomasnacht vom 20. auf den 21. Dezember angeführt. Es wurde bereits geschildert, dass sie in manchen Gegenden zu den Rauhnächten zählt, in anderen Überlieferungen eher ein »Türöffner« ist. Auf jeden Fall ist die Nacht der Wintersonnwende eine außergewöhnliche und kraftvolle Nacht, in der sich viele alte Bräuche und Orakelmöglichkeiten bewahrt haben.

THOMASNACHT

(1. RAUHNACHT/SCHWELLENNACHT/ UNGERADE RAUHNACHT)

20./21. DEZEMBER/TAG 21. DEZEMBER

Bereits im Kapitel »Wie viele Rauhnächte gibt es?« wurde erläutert, dass es verschiedene Zählweisen gibt. Wird die Thomasnacht dazugezählt, sind es insgesamt 13 Rauhnächte. Wird die Christnacht als erste Nacht gewertet, kommt man auf zwölf Nächte. Hier wird die Variante der 13 Nächte in Klammern angeführt.

Namenstag/Name des Tages: hl. Thomas/Thomastag
Andere Namen: Thomasnacht/»Rumpelnacht« (in Bayern)
Empfehlung für eine Räuchermischung: 1 Teil Salbei/2 Teile Holunderrinde
Bauernregel: »Wenn Sankt Thomas dunkel war, gibt's ein schönes neues Jahr.«
Bauernweisheit: Am Thomastag sollte der Braten für Heiligabend geschlachtet werden./Allgemein ein guter Schlachttag.

HISTORISCHE HINTERGRÜNDE

Am 21.12. ist in der evangelischen und anglikanischen Kirche, seit 1970 jedoch nicht mehr in der römisch-katholischen Kirche, der Gedenktag des Apostels Thomas, eines der zwölf Jünger Jesu. Im römischen Generalkalender wird der Gedenktag des hl. Thomas seither am 3. Juli begangen. Im Kalender der außerordentlichen Form des römischen Ritus blieb dagegen der ursprüngliche Termin erhalten. Auch im Volksmund wird weiterhin der 21. Dezember als Thomastag bezeichnet und die Nacht auf den 21. Dezember als Thomasnacht. Eine volkstümliche Aussage bezieht sich auf die länger werdenden Tage: »Ab dem Thomastag wächst der Tag um einen Hahnenschrei.«

Thomas war der Apostel, der an der Auferstehung Jesu Christi zweifelte und den anderen Jüngern mitteilte, er würde die Frohe Botschaft erst dann glauben, wenn er die Wunden des Auferstandenen mit seinen Fingern berührt habe.

Da am 21. Dezember die Wintersonnwende ist, ist der Thomastag der kürzeste Tag des Jahres. Dementsprechend ist die Nacht vom 20. auf den 21. Dezember die längste Nacht des Jahres. An diesem Tag erreicht die Sonne ihren tiefsten Stand über dem Horizont im Jahreslauf. Jesus siegte über den Tod, wie der Tag am 21. Dezember über die Nacht siegt. Symbolisiert durch den ungläubigen Thomas soll den Menschen zur Wintersonnwende klar gemacht werden, dass Jesus immer über die Dunkelheit triumphieren wird.

Seit jeher ist die Thomasnacht mit vielen Bräuchen und starkem Aberglauben verbunden. Die frühen Christen brachten die alten Geschichten, die sie von ihren Ahnen gehört hatten, mit dem heiligen Thomas zusammen. Der kürzeste Tag und die längste Nacht des Jahres wurden wegen der Dunkelheit mit den Zweifeln des Apostels gleichgesetzt.

Die Thomasnacht ist bereits eine traditionelle Räuchernacht. Im volkstümlichen Landleben wurden in der Thomasnacht vor allem einheimische Räucherstoffe wie Bilsenkraut, Salbei, Holunderrinde oder Fichtenharz verwendet.

Die Thomasnacht ist zudem eine machtvolle Losnacht. Es gibt unzählige Rituale und Losbräuche, die in ihr durchgeführt werden können. Die wichtigsten Orakel beziehen sich auf Liebesangelegenheiten, so haben zum Beispiel junge, ledige Frauen in dieser Nacht vielfältige Möglichkeiten, ihren künftigen Gatten »sehen« zu können.

In Bayern geht am Thomastag der »bluadige Dammerl« (= blutiger Thomas) um und versetzt mit seinem mitgetragenen Eisenhammer und einer schweren, rostigen Kette die Leute in Angst und Schrecken. Der bluadige Dammerl ist ansonsten Teil der Wilden Jagd, in dieser Nacht tritt er aber losgelöst von ihr auf. Im Thomashammer, den der »Dammerl mit dem Hammerl« mit sich trägt, findet man noch einen Verweis auf den alten Glauben: Das Attribut des Gottes Thor war ebenfalls ein Hammer.

- Was man in der Thomasnacht träumt, wird wahr. Legt man sich getrocknete Leinsamen unter das Kopfkissen, wird die Wirkung der prophetischen Träume noch verstärkt. Legt man sich verkehrt herum ins Bett – mit dem Kopf ans Fußende – wird einem im Traum eine Frage beantwortet, die man vor dem Einschlafen stellt.
- Pflückt man in der heutigen Nacht ein Zweiglein von einem Holunderbusch und stellt es in der Stube in eine Vase mit Wasser, kann man anhand der Triebe, die sich einstellen, ablesen, wie viele Kinder man einmal haben wird.
- Bayern: Will eine ledige Frau ihren Zukünftigen sehen, muss sie um Punkt Mitternacht aufstehen und mit dem Fuß gegen ihr Bett treten und dabei ausrufen:

  »Bettstatt i tritt di,
  Dammerl i bitte di,
  lass mir erscheinen,
  den Allerliebsten meinen.«

Blickt sie daraufhin in einen Spiegel, ist dort das Gesicht des Auserwählten zu erkennen.

- Bayern: Will eine Frau lediglich die Richtung gezeigt bekommen, in der der Zukünftige zu finden ist, muss sie erneut um Mitternacht zu einem Obst- oder Holunderbaum gehen, diesen dreimal rütteln und dabei folgendes Verslein aufsagen:

  »Bäumchen i' schütt'l dich,
  Dammerl i' bitt' di',
  lass mir ein Hündchen bellen,
  wo sich die Lieb wird melden.«

  Bellt in den folgenden Stunden ein Hund, weiß man die Richtung, in der das Haus des künftigen Mannes steht oder des Ortes, in dem er wohnt.
- Friesland: Von der Thomasnacht bis zur Dreikönigsnacht läuten durchgängig die Kirchenglocken, um die dämonischen Kräfte zu vertreiben.
- Teile des »Frauenbuschens« (= der Kräuterbuschen von Mariä Himmelfahrt) werden am Thomastag den Kühen ins Fressen gemischt, damit diese leichter kalben.

EIN BRAUCH IM BILD

Thüringen: Ein etwas rustikalerer Brauch für die Burschen: Das »Zaunstecken-Zählen«. Man denkt sich eine Zahl und zählt daraufhin die Zaunlatten rechts von der Gartentüre ab. Bei der gedachten Zahl angelangt, erfährt man dann etwas über die Zukünftige. Wird sie alt und gebrechlich wie eine morsche Zaunlatte und zeitlebens bei schlechter Gesundheit sein? Oder frisch, kräftig und schön anzusehen?

Leicht abgewandelt funktionierte dieser Brauch auch an Holzsprossen von Stallwänden oder mit Hilfe von Treppenstufen: Kommt man beim Zählen einer Reihe auf eine gerade Zahl, wird man eine liebevolle Frau zur Seite gestellt bekommen, ergibt sich aber eine ungerade Zahl, hat man eine ungemütliche Lebensgefährtin zu erwarten.

VORSCHLAG FÜR DIE GESTALTUNG DES TAGES

Rückblicken, innerlich Ordnung schaffen

Da der Thomastag eine gewisse Schwellenfunktion einnimmt, eignet er sich sehr gut als Tag für Rückbesinnung und innere Ordnung (siehe auch: »Vorbereitungen für die verschiedenen Rituale«). Wir könnten uns zum Beispiel heute Gedanken machen, was uns im letzten Jahr besonders belastet oder gekränkt hat und was wir bisher noch nicht abschließen konnten. Vielleicht gab es auch schädliche Angewohnheiten oder gar Menschen, die uns spürbar nicht gut getan haben? Mit dem heutigen Tag beginnt die Phase des Abschlusses. Keine andere Zeit im Jahr bietet sich so gut für das Loslassen an, wie die Rauhnachtstage. Wenn uns das bewusst wird, kann der Prozess in Gang gesetzt werden. Wir notieren die Dinge, die wir auslöschen wollen auf einen Zettel und verbrennen diesen im Feuer.

Mit Beginn der Thomasnacht verbleiben noch drei Tage bis zu dem eigentlichen Beginn der Rauhnächte. Schon in alter Tradition galt es, alle wichtigen Dinge bis dahin erledigt zu haben. Spätestens jetzt also sollte alles Offene beglichen und jegliche Unordnung in unserem Leben, sowohl innerlich als auch äußerlich, bereinigt werden, damit sich unser Geist auf die Heiligkeit der Tage vorbereiten kann. Eine letzte Kraftanstrengung kann nun noch erfolgen, ehe die Ruhe der heiligen Nächte Einzug hält.

EIN MÄRCHEN ODER EINE SAGE ZUR NACHT

In einem kleinen, abgelegenen Bergdorf war eine junge Frau dafür bekannt, dass sie ein gar zu sündiges Leben führte. Obwohl sie bereits versprochen und die Hochzeit für das nächste Jahr angesetzt war, ging sie mit anderen Burschen zum Tanz und bandelte auf allerlei Art und Weise mit ihnen an. Nun war es in dem Dorf Brauch, dass sich in der Thomasnacht ein junger Bursche gar schaurig als »bluadiger Dammerl« verkleidete. Er beschmierte sich das Gesicht mit Ruß, hängte sich das Fell einer Ziege um, legte sich eine Eisenkette um die Schulter und nahm eine blutige Schweinshaxe in die Hand. Dieses Jahr fiel die Wahl just auf den Verlobten jener unsittlichen Dame. Da ihm ihr umtriebiges Leben zu Ohren gekommen war, wollte er ihr gerne einen kleinen Schreck versetzen und sie im Zuge der Thomasnacht in ihrer Stube

aufsuchen. So kam es, als die ganze Bauernfamilie nach Einbruch der Dunkelheit an der Eckbank beisammen saß und die Wärme des Ofens genoss, dass der Bursche laut gegen die Tür schlug, an den Holzbalken kratzte und mit der Kette schepperte. Der Vater der jungen Frau öffnete die Tür und der verkleidete Dammerl stürzte unter lautem Gebrüll und mit schwingender Kette in die Wohnstube. Die Frau aber erkannte den Verlobten nicht, schrie vor Schreck gellend auf und fiel von der Ofenbank, wo sie leblos auf dem Boden liegenblieb. Sofort kam die ganze Familie zu Hilfe, legte ihr nasse Tücher auf die Stirn und hielt ihr belebende Kräuter unter die Nase. Der erschrockene Verlobte legte seine Verkleidung ab und hielt ihr bestürzt die ganze Nacht hindurch die Hand. Allein die Frau wachte nicht mehr auf und verstarb eine Woche später im Krankenbett. Im Dorf wurde von da an gemunkelt, dass sie der echte bluadige Dammerl geholt und auf diese Art für ihre sündige Lebensweise bestraft hatte.

1. RAUHNACHT

(2. RAUHNACHT JE NACH ZÄHLWEISE)

24./25. DEZEMBER/TAG 25. DEZEMBER

Die Zählweise beginnt in der Christnacht um 0.00 Uhr und geht bis zum 25. Dezember um 0.00 Uhr, und setzt sich so in allen Tagen fort.

Steht für den Monat Januar im neuen Jahr.

Namenstag/Name des Tages: Petrus/Christnacht
Andere Namen: Heilige Nacht, Christi Geburt, Natal
Empfehlung für eine Räuchermischung: 1 Teil Weihrauch/2 Teile Myrrhe/2 Teile Fichtenharz
Bauernregel: »Christnacht im wachsenden Mond, gibt ein Jahr, das sich lohnt.«
Bauernweisheit: Wer in der Christnacht dem Vieh reichlich Leckerbissen in den Stall legt, wird sich im nächsten Jahr keine Gedanken um kränkliche Tiere machen müssen.

Der Sieg des Lichts über die Dunkelheit und somit der wieder länger werdende Tag spiegelt sich in folgendem, weithin bekannten Merksätzlein wider:

»An Weihnachten um einen Hahnentritt,
auf Neujahr um einen Männerschritt,
auf Dreikönig um einen Hirschensprung,
auf Lichtmess um eine ganze Stund.«

HISTORISCHE HINTERGRÜNDE

Weihnachten ist das Fest der Geburt Jesu Christi. Eigentlicher Festtag ist der 25. Dezember, der Christtag, auch Hochfest der Geburt des Herrn, dessen Feierlichkeiten am Vorabend, dem Heiligen Abend beginnen. Nach dem antiken Kalender endete der Tag mit dem Sonnenuntergang, somit gehört der Abend des 24. Dezember liturgisch bereits zum Weihnachtstag. In Europa hat sich die familiäre Weihnachtsfeier mit Bescherung und Festessen mehr und mehr auf den Abend oder gar den Nachmittag des 24. Dezember vorverlagert. Das eigentliche Geburtsdatum Jesu Christi wird im Neuen Testament nicht näher genannt und war dem Urchristentum, das ausschließlich die Todestage seiner Märtyrer beging, unbekannt. In Ermangelung jeglicher biographischer Daten wurde das Fest der Geburt Jesu aus dem Tag der Kreuzigung Christi ermittelt. Der Todestag war aus dem Johannesevangelium als der Tag vor Pessach bekannt. Neben dem Oster- und dem Pfingstfest ist Weihnachten einer der drei Hauptfeiertage des christlichen Kirchenjahres und spielte in der brauchtümlichen Lebens- und Feiergestaltung eine große Rolle.

Zu den bekanntesten Weihnachtsbräuchen gehört das Aufstellen und Schmücken des Christbaumes. Das Grün der immergrünen Tanne symbolisiert das erwachende Leben, die Kerzen die Wiederkehr des Lichtes und die Hoffnung auf die hellere Jahreszeit. Der Brauch in dieser Form ist noch keine 400 Jahre alt, hat aber auch viel ältere Wurzeln.

Urkundlich wird die erste Tanne als Symbol für Weihnachten erstmals Anfang des 17. Jahrhunderts in Straßburg erwähnt. Auch die Weihnachtskrippe ist für viele Menschen ein wichtiger Bestandteil des Weihnachtsfestes. Die erste Krippe stand der Legende nach 1223 in der Kirche des heiligen Franziskus von Assisi.

Um die Christnacht ranken sich unzählige Sagen, Mythen und Brauchtümer. Als eine der kraftvollsten Rauhnächte bietet sie zudem zahllose Überlieferungen von alten Orakelmöglichkeiten, die sich hauptsächlich um die Themen Leben und Tod, Krankheit und den Erntesegen drehen. Liebesorakel wie in der Thomasnacht sind in der Christnacht eher selten.

BRÄUCHE UND RITUALE

- Norddeutschland: Vor der Christnacht oder beim Warten auf die Bescherung erzählt man sich im Kreise der Familie unheimliche Schauergeschichten und gruselige Sagen.
- Bayern und Österreich: Um Mitternacht, in manchen Regionen auch gegen 5 und 6 Uhr morgens, setzen alle Kirchen zum »Schreckläuten« an, um Geister und Dämonen zu vertreiben. Die Glocken versunkener oder zerstörter Kirchen stimmen in das Geläut mit ein.
- Alle Weihnachtsbäckerei muss bis zur Thomasnacht abgeschlossen sein. Bäckt man danach noch, holt man sich die Wilde Jagd ins Haus.
- Steiermark: An Heiligabend schläft man nicht in den Betten, sondern im Stroh, dem sogenannten Julstroh, auf dem Fußboden, da das Jesuskind auch im Stroh liegen musste und die Betten in dieser Nacht für die eventuell einkehrenden Verstorbenen bereit stehen.
- Süddeutschland, Österreich: Die Reste des reichlichen Weihnachtsmahles bleiben die ganze Christnacht über auf dem Tisch, damit sich auch die Toten satt essen können.
- Norddeutschland: Hier heißt der Weihnachtsabend »Vollbauchsabend«. Je reichlicher man an ihm isst, desto gesünder wird man durch das neue Jahr gehen.
- Vor allem in der Christnacht beginnen die Tiere zu sprechen. Sie unterhalten sich, wie sie das Jahr über behandelt wurden oder verkünden dem heimlichen Lauscher seinen Todestag.

- Wer über die linke Achsel zum Fenster hinaussieht, erblickt die Toten, die sich im Laufe des nächsten Jahres einstellen werden. Abwandlung: Wer zuerst von der Christmette heimkommt, kann durch das Fenster die sehen, die sterben werden, auch sich selbst.
- Tirol: Geht man, nachdem man einen Löffel von der Weihnachtssuppe eingenommen hat, rücklings zur Stube hinaus, so heiratet man bald die Person, die gerade des Weges kommt – oft aber ist es der Tod.
- Oberbayern: Das Mädchen, das in der Heiligen Nacht zwischen 2.00 und 3.00 Uhr in einen Brunnen blickt, kann dort das Gesicht des künftigen Liebsten entdecken. Berührt es allerdings den Wasserspiegel, und sei es nur mit den Haarspitzen, wird es sofort in die Tiefe gerissen.
- In den Pudding oder Kuchenteig usw. steckt man ein goldenes Ringlein oder eine frisch gedruckte Münze. In wessen Anteil der Gegenstand steckt, der hat Hochzeitsglück oder auf andere Art ein segensreiches Jahr zu erwarten.
- Wer an Weihnachten eine Treppe scheuert, stürzt binnen eines Jahres von derselben und stirbt.
- Kärnten: Wer beim Heiligabendgeläut die Schlösser von Türen und Truhen schmiert, hat Reichtum zu erwarten.
- Wer aus dem Feuer am Weihnachtsabend ein angebranntes Holzscheit zieht und dieses aufbewahrt, kann es bei einem nahenden Gewitter entzünden und Haus und Hof auf diese Art vor Blitzeinschlag schützen.
- Schneidet man um Mitternacht in einer Kirche ein Stück von einem Glockenstrick ab, kann man sich damit unsichtbar machen. Dies musste beim ersten Glockenschlag begonnen sein und vor dem letzten Glockenschlag musste man den Kirchturm bereits verlassen haben, ansonsten würde das Seil zum eigenen Galgen werden.
- Stellt man sich an Heiligabend um Mitternacht auf einen Friedhof oder einen Kreuzweg, sieht man alle, die im nächsten Jahr versterben werden, in einer schweigenden Prozession vorbeiziehen.
- Eine klare, helle Christnacht bedeutet eine reiche Ernte im neuen Jahr. So sagt ein altes Sprichwort: »Helle Metten, finstere Städel« (= Die Ställe sind reich gefüllt).

EIN BRAUCH IM BILD

Ein sehr einfaches Orakel für die Christnacht funktioniert folgendermaßen: Man stellt sich in seinem Schlafzimmer mit dem Rücken zur Zimmertür auf und wirft einen Pantoffel mit der rechten Hand über die rechte Schulter. Zeigt der Pantoffel mit der Schuhspitze zur Türe hinaus, stehen im neuen Jahr gravierende Veränderungen ins Haus. Zeigt er mit der Fersenseite zur Tür, bleibt alles beim Alten.

VORSCHLAG FÜR DIE GESTALTUNG DES TAGES

Ruhe, Ankunft und Einkehr

Weihnachten ist ein Tag, den man meist im Kreise der Familie verbringt und in beschaulichen Stunden bleibende Erinnerungen sammelt. Zudem ist es der erste Tag der Rauhnachtszeit, und nach der Hektik der vergangenen Tage kann der Stress nun langsam beginnen, abzufallen. Wir können bewusst die Ruhe und Heiligkeit des Tages als Geschenke empfinden, die wir mit den Menschen, die wir im Herzen tragen, verbringen dürfen. Ein schönes Ritual für den Tag, fernab von allen materiellen Belangen, könnte sein, dass man für sich und alle Lieben eine kleine Kerze anzündet und allen aus vollem Herzen Gutes im Leben wünscht. Nicht nur die Lebenden können in diesem kleinen Ritual bedacht werden, auch an die verstorbenen Verwandten und Freunde wollen wir uns mit Liebe zurückerinnern. So kann in der heutigen Nacht ein Licht für die Ahnen, die vor uns kamen und uns in mancherlei Hinsicht den Weg geebnet haben, brennen gelassen werden (siehe auch: Ritual »einen Altar errichten/Ahnentischlein«).

EIN MÄRCHEN ODER EINE SAGE ZUR NACHT

Am Christabend sagte eine Bäuerin zu ihrer Magd, die schon seit langem ledig war und sich sehnlichst einen Mann wünschte, sie solle in der Nacht um zwölf Uhr, wenn alle in der Mitternachtsmette waren, sie aber zu Hause blieb, um das Feuer zu bewachen, sich ganz ausziehen und dann rückwärtsgehend von der Tür zum Fenster die Stube kehren und ihr am nächsten Morgen erzählen, was sie dabei gesehen hatte.

Ohne zu wissen, was die Bäuerin damit bezwecken wollte, befolgte sie in der Christnacht die Anweisung. Vor der warmen Ofenglut entledigte sie sich ihrer Kleider, nahm einen Reisigbesen zur Hand und begann, die dämmrige Stube auszukehren. Während sie auf diese Art eifrig vor sich hin fegte, war ihr, als bemerke sie im Augenwinkel eine Bewegung aus der Sitzecke unter dem Herrgottswinkel, der sie gerade den Rücken zuwandte. Sie blickte über ihre Schulter und sah im Halbdunkeln, schweigend vor sich hinstarrend, den Bauer des Hauses sitzen. Sie schrie auf und lief voller Scham aus der Stube in ihre Kammer. Als die Frau des Hauses aus der Mette heimkehrte, machte die Magd ihr heftige Vorwürfe, warum sie sie so bloßgestellt hatte und sie ihr nicht gesagt hatte, dass der Bauer sie beim Kehren beobachten würde. Da wurde die Bäuerin kalkweiß und sprach: »Mein Mann saß während der ganzen Messe neben mir, ich aber weiß nun, dass ich nicht mehr lange zu leben habe, da dir gerade dein zukünftiger Ehemann erschienen ist.« Kurze Zeit darauf erkrankte die Frau an starkem Fieber und verstarb innerhalb weniger Tage. Die Magd jedoch wurde noch im selben Jahr von dem Witwer geheiratet.

2. RAUHNACHT

(3. RAUHNACHT)

25./26. DEZEMBER/TAG 26. DEZEMBER

Steht für den Monat Februar im neuen Jahr.

Namenstag/Name des Tages: hl. Stephanus/Stephan/Stefan
Andere Namen: Stephaninacht
Empfehlung für eine Räuchermischung: 1 Teil Weihrauch/2 Teile Zedernholz
Bauernregel: »Windstill muss Sankt Stephan sein, soll die nächste Saat gedeihn.«
Bauernweisheit: Der heilige Stephan ist unter anderem der Patron der Pferde. An diesem Tag wurde den Pferden schon immer besondere Aufmerksamkeit zuteil. Auch heute werden vielerorts noch Pferde am 26. Dezember gesegnet.

HISTORISCHE HINTERGRÜNDE

Stephanus ist der erste, von dem überliefert wird, dass er wegen seines Bekenntnisses zu Jesus Christus getötet wurde. Damit gilt er als der erste Märtyrer oder auch Erzmärtyrer. Der heilige Stephanus wird in der katholischen Kirche, den orthodoxen Kirchen, der anglikanischen, der altkatholischen Kirche und der lutherischen Kirche als Heiliger verehrt.

Stephanus ist in der katholischen Kirche Schutzheiliger der Böttcher, Kutscher, Maurer, Steinhauer, Pferdeknechte, Weber, Schneider und Zimmerleute.

Angerufen wird er bei Besessenheit, Kopfschmerzen, Steinleiden und für eine gute Sterbestunde. Weniger bekannt ist seine Schutzfunktion für Reisende. Seine Funktion als Patron der Pferdeknechte beruht möglicherweise auf vorchristlichen Kultbräuchen. Früher war das Bildnis des Heiligen Stephan auf viele Stalltüren gemalt.

BRÄUCHE UND RITUALE

- Am Stephanstag soll man »Stephanswasser« (= Branntwein) trinken, um das ganze Jahr über gesund zu bleiben.
- Schleswig: Das Kind, das in einem Haushalt heute zuletzt aufsteht, erhält für einen Tag den Namen Steffen, muss auf einer Heugabel zum nächsten Nachbarn reiten und dort Süßigkeiten erbitten.
- Gießt man am Stephanstag Weihwasser aus der Christnacht in die Quellen und Brunnen, werden diese nie versiegen.
- Süddeutschland: Wird heute das Stephansbrot gebacken und an die Pferde verfüttert, bleiben sie das ganze Jahr über von Krankheiten verschont.
- Norddeutschland: Unternimmt man heute einen Ausritt mit seinem Pferd, soll dies in so hohem Tempo wie möglich geschehen. Dann bleibt das Pferd vor Hexen, Druden und Gelenkbeschwerden gefeit.
- An Stephani soll kein Fleisch gekocht werden. Auf diese Art verhindert man Krankheiten, vor allem Magenleiden.
- Steiermark: Heute ist der Tag des Zeltenziehens (= Christstollen). Gemeinsam wird das Haus- und Familienzelten feierlich angeschnitten und verzehrt. Als besondere Liebesgabe gilt es, wenn ein Mädchen einem Burschen das Eckstück des Zeltens überreicht.

- In der heutigen Nacht erzählen sich die Pferde untereinander die Zukunft. Allerdings darf man sie dabei nicht belauschen.
- Heute bekommen alle Tiere des Hauses und des Hofes besondere Leckerbissen.

EIN BRAUCH IM BILD

Verschiedene Sagen und Orakelmöglichkeiten ranken sich um den sogenannten Stephanstrunk. Bei ihm handelt es sich um den ersten namentlich erwähnten Minnetrunk, der aus gesicherten Quellen überliefert ist. Bis heute haben sich einige Trinkrituale am Stephanstag erhalten. Stellt man am Stephanstag eine Flasche Wein in die Stube und bleibt diese das ganze Jahr über heil und unangebrochen, gilt dieselbe als Schutzgegenstand für das Haus und alle seine Bewohner. Zerbricht die Flasche aber, wird im Jahr darauf ein Blitzschlag das Haus treffen. Trinkt gar jemand aus der Flasche, wird er zur gleichen Minute keine Luft mehr bekommen und ersticken, ohne dass ihm noch jemand helfen kann.

VORSCHLAG FÜR DIE GESTALTUNG DES TAGES

Dankbarkeit für die Natur- und Tierwelt

Der heutige Tag eignet sich sehr gut dazu, ganz nach dem Vorbild unserer Vorfahren, einmal in Dankbarkeit auf die belebte Natur und Tierwelt, die einen direkt umgibt, zu blicken und ihr ein kleines Geschenk zu bereiten. Dabei kann es sich um die eigenen Haustiere handeln oder um die Tiere des Gartens, der Felder und des Waldes. Die Form der Geschenke kann sehr vielfältig sein. Vielleicht bekommt die Hauskatze heute einmal einen außergewöhnlichen Leckerbissen oder eine extra Streicheleinheit oder der Hund einen besonders großen Knochen. Aber auch wenn man selbst keine eigenen Tiere hat, ist es möglich, dieses Ritual umzusetzen: So kann man eine geschützte Stelle im Wald aufsuchen und dort altes Obst und Gemüse ablegen oder in die Bäume im eigenen Garten kleine Futtergaben für die Vögel hängen.

EIN MÄRCHEN ODER EINE SAGE ZUR NACHT

In der Stephaninacht ist ein junger, kräftiger, leicht jähzorniger Bursche einmal alleine auf dem Hof gewesen, seine Eltern waren in die Wirtsstube des Dorfes eingekehrt, um den Stephanstrunk zu verkosten. Da er noch nicht müde war, setzte er sich in die Stube, blickte in das Kaminfeuer und dachte über die alten Geschichten nach, die an so manchem Winterabend erzählt wurden. In Gedanken versunken fuhr er zusammen, als er ein leises Poltern aus der anderen Haushälfte hörte, angestrengt lauschte er in der dämmrigen Stube, bis ihm erleichtert einfiel, dass es nur die Pferde sein konnten, die drüben im Stall festgebunden waren. Plötzlich fiel ihm eine Geschichte ein, die der Großvater immer erzählt und die er schon oft belächelt hatte: In der Stephaninacht sprechen die Pferde im Stall miteinander und wenn man sie am Abend gut füttert und dann gewähren lässt, werden sie einem das das ganze Jahr über danken. Wehe dem aber, der sie bei ihren Gesprächen belauscht – der Horcher würde eine Prophezeiung über seine eigene Todesstunde erhalten. Da der Bursche die alten Geschichten nicht mehr ernst nahm, schlich er sich leise über eine steile Holztreppe auf den über dem Pferdestall gelegenen Heuboden, entfernte ein loses Brett aus dem Boden und legte sein Ohr lauschend über den Spalt. Sogleich konnte er eine leise, sanfte

Stimme vernehmen: »Noch im alten Jahr werden wir den Leichenkarren ziehen müssen« sprach der treue alte Gaul, der schon so lange auf dem Hof war, zu einem anderen Pferd. »Den Sohn des Bauern werden wir zum Friedhof karren müssen und niemand kann es verhindern.« Als der Bursche das hörte, geriet er in Zorn und schrie wütend: »Du alter Gaul, du bekommst als erstes eine ordentliche Tracht Prügel, sodass du niemanden mehr ziehen kannst!« Er packte sich das lose Brett und stürmte auf den Treppenabgang zu. Vor lauter Wut aber geriet er ins Straucheln, stürzte die steile Treppe hinab und brach sich das Genick.

So hatten die Pferde recht behalten, der Tote wurde, wie es üblich war, einige Tage im Haus aufgebahrt und noch vor Silvester mit dem Pferdegespann zum Friedhof gefahren.

Brauchtum: Als sehr wichtiges Tier im Haus- und Hofleben kam dem Pferd immer schon eine große Rolle in den verschiedenen Mythen und Erzählungen zu. Es gilt als Tier mit ausgeprägten seelischen Eigenschaften, so zum Beispiel Klugheit, Treue, Mut und Stolz, und es verfügt über eine große Sensibilität, was es offen macht für das Empfangen prophetischer Botschaften. Mit dieser Sensibilität nimmt es auch am Alltagsleben der Menschen Anteil: So bleiben Pferde, die einen Leichenwagen gezogen haben, so lange traurig, bis sie wieder vor einen Hochzeitswagen gespannt werden.

3. RAUHNACHT

(4. RAUHNACHT)

26./27. DEZEMBER/TAG 27. DEZEMBER

Steht für den Monat März im neuen Jahr.

Namenstag/Name des Tages: Johannes
Andere Namen: Tag des Apostels Johannes (nicht zu verwechseln mit dem Johannitag am 24. Juni, an dem der Geburtstag Johannes des Täufers gefeiert wird und der ebenfalls eine starke Losnacht darstellt)
Empfehlung für eine Räuchermischung: 2 Teile weißer Salbei, 1 Teil Johanniskraut

Bauernregel: »Hat der Evangelist Johannes Eis, dann macht es der Täufer (am 24. Juni) heiß.«
Bauernweisheit: An diesem Tage wird der Wein zu Johanniswein geweiht. Dem Johanniswein spricht man besondere Heilkräfte zu.

HISTORISCHE HINTERGRÜNDE

Der Evangelist Johannes ist uns vor allem als der Hauptautor des Johannesevangeliums bekannt. Eine verbreitete Ansicht setzt ihn mit dem Apostel Johannes und dem Lieblingsjünger Jesu gleich und sieht in ihm auch den Verfasser der Johannesbriefe und der Offenbarung. Das Fest des heiligen Apostels und Evangelisten Johannes wird in der katholischen und der evangelischen Kirche am 27. Dezember begangen. Die orthodoxen Kirchen feiern den Heiligen am 8. Mai. In der katholischen Kirche kann an diesem Fest nach altem Brauch Johanneswein gesegnet werden.

Der heilige Evangelist Johannes ist der Schutzpatron der Bildhauer, Maler, Buchdrucker, Notare und Schriftsteller. Zudem gilt der heilige Johannes als Schutzpatron für die ungetauft gestorbenen Kinder.

Einer Legende nach habe er sich die Gnade erbeten, am jüngsten Tage die ohne Taufe verstorbenen Kinder in den Himmel begleiten zu dürfen. Sein Gedenktag geht dem »Tag der unschuldigen Kindlein« unmittelbar voraus.

BRÄUCHE UND RITUALE

- Eine Johannesstatue oder ein Bildnis des Heiligen, am Johannestag im Schlafzimmer aufgestellt, schützt im Schlaf vor Alpdrückern, wie zum Beispiel Druden.

- Süddeutschland: Wein, der am Johannestag getrunken wird, reinigt den Körper.
- Haben Mütter Angst, dass ihre kleinen Kinder im Schlaf ersticken könnten (heute als plötzlicher Kindstod bekannt), nennt man dies »Johannisangst«. Ein Bittgang, bei dem der heilige Johannes angerufen wird, kann die Kinder davor schützen.
- »Wo im Hause ein Johanni wohnt, schlagen Blitz und Donner niemals ein.« – Diese weitläufig bekannte Bauernweisheit sorgte für eine starke Verbreitung der Namen Johannes und Johann in den letzten Jahrhunderten.
- Norddeutschland: Kinder, die zu Johanni entwöhnt werden, haben Glück. Sie wandeln ihr Leben lang im Sonnenschein, bekommen die Zähne leicht, haben im späteren Leben nie Zahnschmerzen und sind auch sonst mit guter Gesundheit gesegnet.
- Tirol: Führt man während dem Abendläuten ein Liebesorakel durch, wird das Ergebnis sicherlich eintreten. Spricht man gar einen innigen Liebesspruch, d.h. einen Wunsch aus, wer der zukünftige Liebste werden solle, wird diese Person für alle Zeit an uns gebunden sein.
- Bindet man in der Johannesnacht ein Sträußlein aus sieben verschiedenen, getrockneten Blumen oder Kräutern und legt dieses unter sein Kopfkissen, wird man das ganze Jahr über hellsichtige Träume haben.

Brauchtum: Siebenerlei (manchmal auch neunerlei) Kräuter spielen im Aberglauben eine wichtige Rolle. Am weitesten verbreitet ist folgende Zusammensetzung: Quendel, Wegerich, Löwenzahn, Schafgarbe, Butterblume, Eisenkraut, Ochsenzunge, [als Ergänzung zu neunerlei Kräutern wurden noch Brennnessel und Odermennig (Ackerkraut) hinzugefügt]. Die Kräuter werden mit der Wurzel ausgerissen und im gleichen Verhältnis zueinander kombiniert. Auf diese Art erhalten sie eine hohe Zauber- und Heilkraft und können für verschiedenste Zwecke, sowohl für guten als auch für schädlichen Zauber, verwendet werden. So werden in Niederbayern am Johannistag neunerlei Kräuter kleingehackt und dem Vieh ins Futter gemischt, um es auf diese Art gesund und kernig zu halten. Für verschiedene Liebeszauber kam ein Strauß oder ein Kranz aus neunerlei Blumen zum Einsatz. Diese bestanden zum Beispiel in Schlesien aus Rittersporn, Quandlich, Quarglablättern, Maria Bettstroh, Storchenschnabel, Schafgarbe, Gundermann, Rainfarn und Hetelanessan (?).

EIN BRAUCH IM BILD

Mit Hilfe des Johannesstraußes von neunerlei verschiedenen getrockneten Kräutern und Blumen kann man in der Johannesnacht einmalig den Lebenspartner sehen, der einem stets nur Glück und Freude bringen wird. Die Zusammensetzung des Straußes war fest vorgeschrieben (siehe oben). Alle Kräuter und Blumen müssen vor dem letzten Johannitag (24. Juni des vergangenen Jahres) gepflückt und zum Trocknen aufgehängt worden sein. Die neun verschiedenen Kräuter werden dabei zunächst zu einem Sträußlein gebunden, welches man für sieben Tage nahe seinem Herzen trägt. Vor der Johannesnacht windet man es zu einem Kranz, legt ihn unter sein Kopfkissen und begibt sich darauf zur Ruhe. Im Traum wird einem dann sein Seelenpartner erscheinen. Am nächsten Morgen muss das Kränzlein umgehend verbrannt werden.

VORSCHLAG FÜR DIE GESTALTUNG DES TAGES

Das Herz öffnen

Der heutige Tag steht auch stellvertretend für den Monat März im neuen Jahr. März symbolisiert den Zeitpunkt in der Natur, in der sie sich zur Erneuerung und zum Aufbruch bereitmacht. Der letzte Schnee schmilzt weg und alles bereitet sich auf das Erblühen vor.

Johannes, als engster Begleiter Jesu, steht für Liebe, Vertrauen und Fürsorge. So kann der heutige Tag genutzt werden, um einmal tief in sein Herz hineinzuhorchen, dieses zu öffnen und zum Erblühen zu bringen. Fragestellungen können lauten: Welche Menschen haben mir im vergangenen Jahr geholfen und gut getan und mich durch schwierige Momente begleitet? Wem würde ich gerne einmal Danke sagen oder welche Freundschaft eventuell erneuern oder vertiefen? Heute ist auch ein guter Zeitpunkt, um die Rituale des Loslassens und des Verzeihens (siehe Ritualgestaltung: »Ritual des Verzeihens«) durchzuführen. Unser Herz ist unser höchstes Gut und kann immer wieder bereinigt werden. Es muss sich nicht verfinstern durch Wut und Hass, wir können es durch eigene Bemühungen immer wieder zum Leuchten bringen und so uns selbst und anderen Gutes tun.

Es war einmal ein junger Handwerksbursche durch liederliches Leben so weit gekommen, dass er eine Masse Schulden und keinen ganzen Rock mehr hatte. Hierüber betrübt nachdenkend, ging er eines Tages durch den Wald und begegnete einem stattlichen Mann in grünen Kleidern, der ihn fragte, warum er so traurig sei. Der Bursche schilderte ihm seine Lage, worauf der Mann, welcher der Teufel war, erwiderte: »Du kannst von mir Geld genug bekommen, wenn deine Seele nach drei Jahren mein sein wird. Zur Bekräftigung musst du dich mit deinem Blut in dieses Buch einschreiben.« Dabei hielt er ihm ein Buch und eine Feder hin, die der Bursche ergriff und, nachdem er sich in den Finger geritzt hatte, in das hervorquellende Blut tauchte und damit seinen Namen in das Buch schrieb. Darauf bekam er gleich so viel Geld wie er tragen konnte und später oft noch weit mehr, da er in den drei Jahren ein üppiges Leben führte. Als die Zeit abgelaufen war, fürchtete er sich, allein zu bleiben und setzte sich in ein Wirtshaus zu seinen Kameraden, die sich vergebens bemühten, ihn zu erheitern. Endlich fragte ihn sein bester Freund nach der Ursache seiner Niedergeschlagenheit. Und nachdem er in der Nebenstube, wohin beide gegangen waren, alles erfahren hatte, sagte er: »Mache dir keine Sorgen und setz dich wieder zu uns; lass aber von dem köstlichen Wein kommen, womit du uns manchmal bewirtet hast, und wenn der Teufel sich einfindet, so gib mir ein Zeichen.«

Hierdurch etwas beruhigt ging der Bursche mit seinem Freunde wieder zu den anderen und ließ von dem Weine bringen. Bald darauf kam ein Mann mit grünen Kleidern in die Stube, grüßte die Gesellschaft und sagte zu dem Burschen, er möge mit ihm hinausgehen. Derselbe stand auf, um ihm zu folgen, gab aber seinem Freund ein Zeichen, worauf dieser sein Glas voll Wein ergriff und es dem Fremden mit den Worten: »Da hast du auch noch den Johannessegen, nimm ihn mit!« so auf den Rücken warf, dass er ihn ganz beschüttete. Da der Wein an Johanni gesegnet worden war, schützte er auch vor dem Teufel und bewirkte, dass dieser auf der Stelle fluchend in den Boden fuhr.

Brauchtum: Einem alten Aberglauben nach schließt man eine Blutsbruderschaft mit dem Teufel, wenn man sich in den Finger schneidet und einen Vertrag mit diesem Blut unterzeichnet. Durch diesen Akt wird symbolisch die eigene Seele an den Teufel überschrieben.

4. RAUHNACHT

(5. RAUHNACHT)

27./28. DEZEMBER/TAG 28. DEZEMBER

Steht für den Monat April im neuen Jahr.

Namenstag/Name des Tages: Tag der Unschuldigen Kinder
Andere Namen: Fest der Unschuldigen Kinder, Nacht der Heiligen, Nacht der Unschuldigen, Kindermord in Betlehem, »Fetzeltag« (Bayern)
Empfehlung für eine Räuchermischung: 1 Teil Weihrauch/2 Teile Zeder/ 2 Teile Myrrhe
Bauernregel: »Haben's die unschuldigen Kindlein kalt, so weicht der Frost nicht so bald.«
Bauernweisheit: Auch heute noch ist es in vielen Gemeinden der römisch-katholischen Kirche Brauch, am oder um den Gedenktag der Unschuldigen Kindlein die Kinder mit verschiedenen Segenssprüchen und Ritualen zu segnen.

HISTORISCHE HINTERGRÜNDE

Als Kindermord in Betlehem (oder auch Betlehemitischer Kindermord) bezeichnet die christliche Tradition die, in der Weihnachtsgeschichte des Matthäusevangeliums überlieferte, Tötung aller männlichen Kleinkinder in Betlehem. Diese war von König Herodes dem Großen angeordnet worden, um den neugeborenen Knaben Jesus zu töten.

In der Bibel wird berichtet, dass der herrschende König Herodes durch allerlei Nachforschungen erfährt, dass in Betlehem die Geburt Christi stattgefunden habe. Für Herodes ist ein Thronanwärter, der sich auf eine Abstammung von David beruft, gefährlich und unerwünscht. So gibt er den Sterndeutern den Auftrag, nachzuforschen und dann zurückzukommen, um Bericht zu erstatten. Die Sterndeuter finden das neugeborene Knäblein Jesus in Betlehem vor, werden aber durch einen Traum von der wahren Absicht Herodes in Kenntnis gesetzt. Auch Josef wird in einem Traum von Gott gewarnt und aufgefordert, das Land zu verlassen und mit seiner Frau Maria und dem Kind nach Ägypten zu fliehen. Auf diese Art entgeht Jesus dem Zorn des Herodes: »Als Herodes merkte, dass ihn die Sterndeuter getäuscht hatten, wurde er sehr zornig und er sandte aus und ließ in Betlehem und der ganzen Umgebung alle Knaben bis zum Alter von zwei Jahren töten, genau der Zeit entsprechend, die er von den Sterndeutern erfahren hatte.« (Mt 2,16)

Die römisch-katholische, anglikanische und orthodoxe Kirche begehen das Fest der Unschuldigen Kinder. Im Evangelischen Gottesdienstbuch ist der Tag als außerordentlicher Gedenktag der Kirche verzeichnet.

BRÄUCHE UND RITUALE

- Österreich: Kinder dürfen an diesem Tag den Erwachsenen durch Rutenschläge Glück und Gesundheit fürs kommende Jahr »mitgeben«. Beim Schlagen, genannt »Schappen«, sagen dabei die Kinder Verse auf und erhalten als Dank von den auf diese Art gesegneten Erwachsenen kleine Geschenke oder Geld:

  »Schapp Schapp frisch und gsund,
  lang lebn gsund bleibn,
  Wünsch a glücklichs neigs Johr,
  nix klunzn nix klågn,
  bis i wieda kum zum schlågn!«
- Bayern: Der Brauch des Rutenschlagens der Erwachsenen durch Kinder nannte sich dort »Fetzeln« – der Tag ist noch immer als Fetzeltag bekannt.
- Süddeutschland: Am Fest der Unschuldigen Kinder wird in Klosterschulen der jüngste Schüler einen Tag lang auf den Stuhl des Abtes gesetzt.
- Der Tag gilt als Unglückstag. Man sollte keine neuen Aufgaben beginnen, da diese nicht gelingen werden.
- Böhmen: Der Wochentag, auf den Unschuldige Kinder fällt, bleibt das ganze Jahr hindurch unglücklich und eignet sich nicht für Eheschließungen, da diese vom Pech verfolgt bleiben.
- Regnet es an Unschuldige Kinder, so ist dies ein schlechtes Vorzeichen für alle Wöchnerinnen des kommenden Jahres. Schwere Geburten und Todesfälle bei der Geburt stehen bevor.

- Ist Federgewölk am Himmel zu sehen, steht ein trauriges Jahr bevor und es sterben vor allem Buben. Ist dagegen helles Wetter, wird es viele glückliche Geburten geben. Schneit es morgens, sterben allgemein viele Kinder, schneit es nachmittags, werden viele Erwachsene den Tod finden, schneit es abends, wird eine Seuche oder Epidemie ausbrechen.

EIN BRAUCH IM BILD

Sensible Menschen können in der heutigen Nacht aus dem Erdboden vernehmen, was innerhalb der nächsten zwölf Monate geschehen wird. Dazu legt man, nachdem man sich dreimal bekreuzigt hat, sein Ohr auf den Boden einer Straßenkreuzung, bestenfalls eine Kreuzung, an der ein Marterl (Flurkreuz) aufgestellt wurde und lauscht in den Boden und in sich hinein. Eine krächzende, heisere Stimme wird dem Horchenden Auskunft über die Zukunft geben. Dieses Orakel bezieht sich mehr auf das Weltgeschehen im nächsten Jahr als auf persönliche Belange.

VORSCHLAG FÜR DIE GESTALTUNG DES TAGES

Mit Altem abschließen

Der heutige Tag steht symbolisch für das Alte, das versucht, das Neue zu unterdrücken oder zu verhindern. Im übertragenen Sinn kann der heutige Tag genutzt werden, um Dinge, die im letzten Jahr eher schlecht gelaufen sind oder ein schlechtes Gefühl in unser Leben gebracht haben, aus dem Leben zu verbannen und dem Neuen wieder mit großer Unschuld gegenüberzustehen, wie ein kleines Kind. Dafür ist es aber nötig, dass wir nicht beladen sind von schlechten und nachtragenden Gefühlen, die unser Innerstes belasten (siehe Ritualgestaltung: »Ritual Vergangenes ruhen lassen und bereit für Neues sein«).

In einem kleinen Dorf lebte einmal eine junge Frau alleine in einer alten Holzhütte am Waldrand. Ihr Mann, ein Waldarbeiter, war beim Fällen der Bäume an einem steilen Hang abgerutscht und zwischen die herabrollenden Baumstämme geraten. Er hatte ihr nur ein einziges Kindlein hinterlassen. Da die Frau sich keine Tauffeier leisten konnte, war der kleine Bub noch ungetauft. Nun war der Winter gekommen und der eisige Wind pfiff durch die Ritzen der Wandbalken. Der Bub bekam eine schwere Erkältung und hohes Fieber. Er verstarb noch vor Weihnachten. Da der kleine Junge aber nicht getauft war, durfte er nicht auf dem örtlichen Friedhof beigesetzt werden. Die allgemein verbreitete Annahme war, dass er, obwohl noch ein unschuldiges Kindlein, aus diesem Grund nicht in den Himmel kommen würde. Der Schmerz der jungen Frau darüber war sehr groß, da sie immer ein rechtschaffenes und gläubiges Leben geführt hatte. Nun wohnte am Ende des Dorfes eine alte Frau, die viel mehr von dem, was zwischen Himmel und Erde vorging, sehen konnte als die normalen Sterblichen. Kurz vorm Christtage suchte die junge Frau die Alte in ihrer Hütte auf und klagte ihr Leid. Nach kurzer Bedenkzeit entgegnete die Alte: »Sei nicht mehr länger traurig darüber, befolge meinen Ratschlag und alles wird gut werden. Am Abend des Tages der Unschuldigen Kindlein warte am Kreuzweg und die Gnade Gottes wird sich dir offenbaren.« So also ging die junge Frau am Abend zum Kreuzweg und wartete unter einem Holunderbaum. Vom nahen Dorf herüber wehte der Wind die Schläge der Kirchturmuhr ... schon waren es zwölf an der Zahl. Kaum hatte die Turmuhr zu Ende geschlagen, hörte die Frau ein leises, sanftes Singen und ein vieltöniges Kinderlachen. Sie erblicke einen Zug Kinder und allen voran schritt der Apostel Johannes und hatte ihren kleinen Buben an der Hand. Er wandte sich zu ihr und sprach: »Schau her, liebe Frau, du musst nicht traurig sein. Jedes Jahr an meinem Abend hole ich alle Kinder, die ungetauft verstorben sind, und bringe sie in den Garten Gottes. Sie haben es dort schöner, als sie es je auf Erden gehabt hätten.« Nach diesen Worten löste sich die Gruppe mit dem Schneegestöber auf und die junge Frau war getröstet.

5. RAUHNACHT

(6. RAUHNACHT)

28./29. DEZEMBER/TAG 29. DEZEMBER

Steht für den Monat Mai im neuen Jahr.

Namenstag/Name des Tages: David/hl. Thomas
Empfehlung für eine Räuchermischung: 1 Teil Holunder/1 Teil Salbei
Bauernregel: »Schneit's am Tag nach unschuldige Kindl, fährt der Januar gar hart in die Schindel.«
Bauernweisheit: In der heutigen Nacht sind die guten Hausgeister sehr aktiv. Indem man ihnen ein Schälchen Milch hinstellt, kann man sie besonders anspornen, das neue Jahr über weiterhin fleißig zu sein. So war es im Volksglauben weit verbreitet, am heutigen Abend, vor dem zu Bett gehen kleine Schüsseln mit Milch in den Wohnstuben und Stallungen zu verteilen.

HISTORISCHE HINTERGRÜNDE

David, König von Israel (1004–965 v. Chr.), war der jüngste Sohn des Jesse, aus dessen Stamm, den alten Prophezeiungen nach, der Heiland geboren werden sollte. Schon in jungen Jahren kam er an den Hof von König Saul. Bekannt aus verschiedenen Sagen und Überlieferungen ist vor allem Davids Kampf mit dem Riesen Goliath, den er mit seiner Steinschleuder zu Boden streckte. Als Staatsmann und als Feldherr zeigte der neue König große Begabung. Er machte das 1004 eroberte Jerusalem zur Hauptstadt und zum religiösen Mittelpunkt des Landes. Sein Privatleben war aber recht unglücklich. Er hatte neun Frauen und zahlreiche Söhne, die einander bis aufs Messer bekämpften. Die politischen Erfolge wurden überschattet durch das Verbrechen am Feldherrn Urias, dessen Frau Bathseba David begehrte. Deshalb ließ er Urias an die vorderste Stelle der Schlachtenreihe stellen, wo er fiel. Wegen dieses Vergehens wurde der König nicht für würdig befunden, den Tempel zu erbauen. Das durfte erst sein Sohn Salomon. Bis zu seinem Lebensende bereute David diese Tat, denn er war trotz seiner privaten und politischen Verfehlungen ein tiefreligiöser und gutherziger Mensch. Er starb im Alter von 70 Jahren, sein Grab war noch zur Zeit der Apostel bekannt.

BRÄUCHE UND RITUALE

- Am heutigen Tag aus unterschiedlichen Kräutern aufgebrühter Tee wird auch »Davidstee« genannt und heilt alle Kranken.
- In manchen Gegenden heißt der große Bär »Davidswagen«.
- Fährt der Davidswagen in der heutigen Nacht durch die Straßen, werden im nächsten Jahr viele Christen sterben.
- Zürich: Heute ist die »Durchspinnnacht« – die einzige Nacht während der Rauhnächte, in der ohne schlechtes Gewissen gesponnen werden darf.
- Böhmen: Heute Nacht kann man die Unterirdischen in ihrer Werkstatt arbeiten hören. Kinder und andere sehr sensible Menschen können in der heutigen Nacht die Hausgeister bei der Arbeit beobachten.
- Wer heute, ohne ein Wort zu reden, eine ganze Hagebutte verschluckt, steigert seine Kräfte.
- Lässt man heute seine Schuhe vor der Haustür stehen, sind sie am nächsten Morgen blitzeblank geputzt.

EIN BRAUCH IM BILD

In der heutigen Nacht kann man, am Kaminfeuer sitzend, mit einem lieben Verstorbenen in Kontakt treten. Man muss dazu einen Gegenstand, der dem Verstorbenen gehörte, in der Hand halten und in Gedanken dreimal rückwärts seinen Namen nennen. Dann kehrt er mit in die Stube ein und sucht das Gespräch. Allerdings muss dieses Zwiegespräch beendet sein, sobald die Kirche drei Uhr morgens schlägt, sonst wird man in die Anderswelt mitgenommen. Tritt während dem Gespräch ein Fremder in das Zimmer, ist die Seele des Verstorbenen für immer verloren.

VORSCHLAG FÜR DIE GESTALTUNG DES TAGES

Frieden mit sich selbst schließen

Der heutige Tag kann für die Selbsterkenntnis stehen, aber auch für die Fähigkeit, sich selbst zu verzeihen. Seine eigenen Fehler anzuerkennen ist eine große Gabe, die mancher Mensch nicht beherrscht. Wer aber ein aufrichtiges Herz hat, sollte dazu in der Lage sein, auch über sich selbst zu reflektieren und nicht ausschließlich die Schuld bei anderen zu suchen. Nach dieser Erkenntnis ist es allerdings wichtig, dass man sich nun nicht lange mit kräftezehrenden Selbstvorwürfen quält, sondern sich verdeutlicht, dass der Fehler aus einem gewissen Grund geschehen ist und man ihn auf diese Art nicht noch einmal machen wird. Das Ritual des Verzeihens (siehe Ritualgestaltung: »Ritual des Verzeihens«) kann abgewandelt auch auf sich selbst angewandt werden. Zudem sollten wir auch unseren inneren Wert anerkennen und die Kraft unseres Herzens schätzen können. Das Schicksal geht seinen eigenen Weg, wir sind nie davor geschützt. Man kann zwar durch eine überlegte Handlungsweise manchen Schaden abwenden, letztendlich aber können uns Schicksalsschläge immer treffen, selbst wenn wir noch so verantwortungsvoll und ethisch korrekt leben. Was jedoch immer in unserer Hand liegt, ist die Ausprägung unseres Herzens. Wir können immer daran arbeiten, glücklicher, liebevoller, nächstenliebender und feinfühliger zu werden. Dieses Wissen schützt uns nicht vor den Prüfungen, die das Leben noch für uns bereit hält. Aber das Wissen um unsere inneren Fähigkeiten macht uns selbstbewusster und kräftiger, um mit schwierigen Situationen umzugehen.

EIN MÄRCHEN ODER EINE SAGE ZUR NACHT

In einer Rauhnacht war eine junge Frau noch spät alleine auf dem Heimweg von ihrer Tante, obwohl diese ihr davon abgeraten hatte. Sie hatte ihr zum Schutz ein Heiligenlichtlein mitgegeben, eine brennende Kerze, die in der Christnacht geweiht worden war. Die Frau ging am Waldrand entlang, der Schnee knirschte unter ihren Füßen und Nebel umgab sie. Der Nebel wurde immer dichter und die Luft immer schwerer, bis sie vor einem kleinen Holzhäuslein stand, das ganz mit Tang bewachsen war. Das Mädchen ging hinein und fand in seinem Inneren lauter Gläser, gefüllt mit Wasser. Aus einem dieser Gläser rief ihr eine vertraute Stimme entgegen: »Ich bin es, dein Onkel – die Meerjungfrau hat mich einst in ihre Tiefen gezogen, als alle glaubten, ich wäre vom Pferd ins Wasser gestürzt und dann ertrunken. Du hast soeben das Haus der Meerjungfrau betreten und befindest dich tief unter dem Wasserspiegel, auf dem Grunde ihres Sees. Der dich umgebende Nebel war in Wahrheit das Wasser. Allein das Heiligenlicht hat dich davor bewahrt, zu ertrinken. Nun kehre um und gehe rasch nach Hause.« Die junge Frau machte auf der Stelle kehrt, schritt über den steinigen Grund bergauf und konnte bald schon unter dem Leuchten der Sterne den Weg nach Hause antreten. Am nächsten Morgen glaubte sie, dass alles nur ein Traum gewesen sei. Als sie aber die Decke zurückschlug, war das Bettzeug schlammig und nass. Wann immer sie nun zu dem See zurückkehrte, konnte sie beim Schein einer Lampe Gesichter unter der Wasseroberfläche erkennen. Es handelte sich hierbei um Opfer der Meerjungfrau, die sie zu sich in die Tiefe gerissen hatte.

Brauchtum: Meergeister oder Seemenschen sind überregional, auch weitab der Küstenregionen, bekannt und vereinen teils widersprüchliche Eigenschaften in sich. So können sie eine gutherzige und helfende Funktion einnehmen und über Heilkräfte verfügen, auf der anderen Seite aber auch rachsüchtig und bösartig sein und Menschen oder ganze Schiffe in die Tiefe reißen. Ruft man an einem Gewässer dreimal »Summe Manntje« lässt sich ein Meergeist einfangen und erfüllt einen Wunsch, um wieder freigelassen zu werden.

6. RAUHNACHT

(7. RAUHNACHT)

29./30. DEZEMBER/TAG 30. DEZEMBER

Steht für den Monat Juni im neuen Jahr.

Namenstag/Name des Tages: Tag der Heiligen Familie
Empfehlung für eine Räuchermischung: 2 Teile Tannenharz/1 Teil Myrrhe/1 Teil Holunder
Bauernregel: »Sitzt die Heilige Familie in der Kälte, vergeht der Frost nicht in Bälde.«
Bauernweisheit: Man soll diese Nacht im Kreise seiner Familie zubringen. Dies wurde vor allem von der Landbevölkerung in vielen Regionen so gehalten. Ein gemeinsam eingenommenes Abendmahl mit allen Familienmitgliedern, vor allem Schweinefleisch und Kraut, stärkte den Zusammenhalt in der Familie das ganze Jahr über.

HISTORISCHE HINTERGRÜNDE

Als Heilige Familie versteht das Christentum Jesus von Nazaret mit seiner Mutter Maria sowie seinem Ziehvater, dem hl. Josef. In der katholischen Tradition begann die Verehrung der Heiligen Familie in der Neuzeit. Sie lässt sich verstärkt seit dem 17. Jahrhundert nachweisen und nahm im 19. Jahrhundert zu. Die Verehrung wurde von Papst Leo XIII. besonders gefördert. 1893 nahm er das bislang nur in einzelnen Diözesen und Ordensgemeinschaften gefeierte Fest der Heiligen Familie in den römischen Generalkalender auf und legte es auf den dritten Sonntag nach dem Fest der Erscheinung des Herrn. Seit der nachkonziliaren Kalenderreform 1969 wird das Fest der Heiligen Familie am Sonntag in der Weihnachtsoktav (Festwoche nach Weihnachten) gefeiert.

BRÄUCHE UND RITUALE

- Man sollte heute keine Arbeiten oder Projekte mehr beginnen, die nicht endgültig vor Beginn des neuen Jahres abgeschlossen werden können.
- Leute, die heute gemeinsam Sauerkraut verspeisen, bleiben das ganze Jahr über in positiven Gefühlen einander verbunden.
- Heute darf man niemandem erzählen, was man geträumt hat, sonst geht es nicht in Erfüllung. Die schlimmen Träume hingegen würden sich mit doppelter Heftigkeit erfüllen.
- Schüttelt man heute alle Obstbäume im Garten der Reihe nach im Uhrzeigersinn, werden sie im neuen Jahr außergewöhnlich gut tragen.
- Kärnten: Heute dürfen die ganze Nacht hindurch die Kohlen im Ofen nicht erlöschen, dann wird es im neuen Jahr an nichts mangeln.
- Westfalen: Streut man Neugeborenen etwas Asche, welche in der heutigen Nacht aus dem Ofen entnommen und über dem Kamin aufbewahrt wurde, auf das Haupt, sind sie das ganze Jahr über vor dem »Bösen Blick« (= schwarzmagischer Schadenszauber mit schlechten Folgen, alleine durch einen Blick) geschützt.
- Thüringen: Ist ein Ofen in der heutigen Nacht erloschen und versucht man nachzulegen, wird man von einer eiskalten Totenhand erfasst, die sofort den Tod bringt.
- Holunderzweige, die heute geschnitten werden, eignen sich besonders für allerlei magische Funktionen, zum Beispiel als Zauberruten.
- In der heutigen Nacht ist erneut Frau Perchta mit ihren Begleiterinnen unterwegs. Vielerorts werden kleine Gebäckstücke und Gaben für sie vor die Türen oder auf die Fenstersimse gelegt, um sie friedfertig zu stimmen. In manchen Regionen kann es sich dabei auch um kleine Handarbeiten handeln.

EIN BRAUCH IM BILD

Ein Korb, der in der heutigen Nacht aus Holunderzweigen geflochten wird und beim Dreiuhrläuten mit Weihwasser aus der Heiligen Nacht besprenkelt wird, soll im neuen Jahr auf einer entlegenen Ecke des Dachbodens gelagert werden. Dann wird er sich auf magische Weise immer gegen Mitternacht mit verschiedenstem Obst füllen.

VORSCHLAG FÜR DIE GESTALTUNG DES TAGES

Loslassen
Die heutige Nacht ist umgeben vom Gefühl der Ahnung, dass das alte Jahr bald gänzlich der Vergangenheit angehört. Zwar sind noch zwei Nächte zu beschreiten, ehe das neue Jahr beginnt, dennoch ist die Zeit des Wechsels schon deutlich spürbar. Die Weihnachtstage sind vorbei und die Jahreswende steht unmittelbar bevor. Eine letzte Gelegenheit, um noch einmal zu reflektieren, was im alten Jahr gut oder schlecht gelaufen ist und um noch einmal das Ritual des Loslassens zu praktizieren. Dies kann am heutigen Tag auch gemeinsam im Kreis der ganzen Familie geschehen. Man kann sich zusammen Gedanken machen, was man an Altem zurücklassen möchte und diesen Reinigungsprozess miteinander begehen, um sich so optimal auf die Zeit des Wechsels vorzubereiten (siehe Ritualgestaltung: »Ritual des Loslassens«).

EIN MÄRCHEN ODER EINE SAGE ZUR NACHT

Eine junge Magd mochte nicht mehr so recht an die Weisheiten und Sagen der Alten glauben und nahm es auch mit den Regeln und Geboten in den Rauhnächten nicht so genau. So hatte sie am vorletzten Tag des alten Jahres ihr Spinnrad viele Stunden hindurch am Laufen gehabt, Wäsche zum Trocknen aufgehangen und einige andere liegengebliebene, aber während der Rauhnächte eigentlich verbotene, Arbeiten verrichtet. Längst war die Dunkelheit eingebrochen, als sie ihre Sachen zusammenpackte und sich von der Spinnstube auf den Weg nach Hause in ihr kleines Dorf machte. Ein steiler Hang abwärts lag vor ihr, als aus der Ferne plötzlich ein Brausen und Singen zu vernehmen war. Bald schon erblickte sie die Perchta, die ihr in ihrer schönsten Gestalt und begleitet von dem großen Zuge ihrer Heimchen, Kinder von gleicher Art und Größe und mit strahlend hellen Haaren, entgegenkam. Perchta hingegen schritt ihrer Gruppe nicht voran, sondern ließ sich in einem silbernen Schlitten den Berg hinaufschieben. Die Kinder ächzten und seufzten unwillig über ihre schwere Last. Dieser Anblick war für die junge Magd so erheiternd, dass sie unwillkürlich auflachen musste. Darüber erschraken die kleinen Kinderlein, die die Magd zuvor nicht bemerkt hatten, so sehr, dass sie den Schlitten losließen und dieser mitsamt der Perchta die bereits zurückgelegte Strecke hinuntersauste, unten krachend zum Stehen kam und umkippte. Zürnend trat Perchta vor die leichtfertige Dirne und blies ihr lauter kleine Schneekristalle in die Augen, sodass sie auf der Stelle erblindete. Das arme Mädchen irrte die ganze Nacht umher. Erst am nächsten Morgen gelangte sie mithilfe anderer Leute in ihr Dorf. Sie war unglücklich, konnte nicht mehr arbeiten und saß traurig am Wege und bettelte. Von da an begann sie aber ein frommes und rechtschaffenes Leben und betete jeden Tag am Altar in der Kirche.

Als ein ganzes Jahr verstrichen war, saß das Mädchen wie üblich am Straßenrand und klagte den Vorbeiziehenden ihr Leid. Da sie aber niemanden erkannte, sprach sie auf diese Art auch die vorüberziehende Perchta an und erzählte ihr die Geschichte ihres Unglücks. »Es ist wahr«, sagte die Perchta gütig, »voriges Jahr blies ich hier ein paar Lichtlein aus, so will ich sie heuer wieder anblasen«. Und bei diesen Worten hauchte sie der Magd sanft in die Augen, worauf diese wieder sehen konnte und durch das wiedergewonnene Augenlicht die Schönheit in den kleinsten Dingen des Alltags erkannte.

7. RAUHNACHT

(8. RAUHNACHT)

30./31. DEZEMBER/TAG 31. DEZEMBER

Steht für den Monat Juli im neuen Jahr.

Namenstag/Name des Tages: Silvester, Jahreswechsel, Jahreswende, Altjahrstag, Altjahrestag
Empfehlung für eine Räuchermischung: 1 Teil Salbei/1 Teil Beifuß
Bauernregel: »Silvesterwind und warme Sonn’, verdirbt die Hoffnung auf Wein und Korn.«
Bauernweisheit: Je mehr Krach man am Jahreswechsel veranstaltet, desto größer ist die Wirksamkeit der Austreibung des Bösen und der dämonischen Geister. Als man Pyrotechnik noch nicht dafür einsetzte, galt es, so laut wie möglich mit Brettern auf den Boden oder gegen ein anderes Brett zu dreschen, wild die Glocken zu läuten und vieles mehr.

HISTORISCHE HINTERGRÜNDE

Als Silvester bezeichnet man in vielen europäischen Sprachen den 31. Dezember, den letzten Tag des Jahres im gregorianischen Kalender. Nach dem Heiligenkalender der römisch-katholischen Kirche ist dies der Gedenktag des heiligen Papstes Silvester I. Auf Silvester folgt der Neujahrstag. Das Feiern des Jahresendfestes hat eine lange Tradition und wurde in vielen Kulturen begangen, so zum Beispiel schon bei den Römern, allerdings an einem anderen Datum. Das Christentum feierte lange Zeit den 25. Dezember als Geburtstag Christi und zugleich als Endtag des Jahres. Die Neujahrsbräuche hielten damals von diesem Tag bis zum 6. Januar an. Dadurch ist auch die Fülle an Bräuchen und Ritualen zu erklären, die wir mit dem Jahreswechsel verbinden.

Die Assoziation des Jahresendes mit dem Namen Silvester geht allerdings erst bis zum Jahr 1582 zurück. Damals verlegte die Gregorianische Kalenderreform den letzten Tag des Jahres vom 24. Dezember auf den 31. Dezember, den Todestag des Papstes Silvester I. († 31. Dezember 335). Der Liturgische Kalender führt den Tag seit 813 als dessen Namenstag. Erst seit 1691, vor 325 Jahren also, schuf Papst Innozenz XII. eine verbindliche und einheitliche Regelung, die sich bis heute bewährt hat. Der Silvesterabend wird häufig feierlich in großer Gesellschaft begangen. Zum Jahreswechsel um Mitternacht wird meist mit Feuerwerk, Böllern, Peitschenschnalzen und Glockengeläut gelärmt, worin sich nach wie vor der Gedanke findet, die bösen Geister durch Krach auszutreiben. Noch immer verehren katholische Christen Silvester als Schutzheiligen für Haustiere und für ein gutes neues Jahr.

Zu Silvester und in der Silvester-/Neujahrsnacht ist eine große Fülle an Brauchtümern, Orakeln, Schutzmitteln und allerlei Glückszauber für Leib, Haus und Hof überliefert. Viele der genannten Bräuche sind miteinander verknüpft und können nicht getrennt werden. Daher finden sich zum Neujahrstag weitere Bräuche, die eng mit Silvester in Zusammenhang stehen. Die Silvesternacht ist eine der kraftvollsten Rauhnächte.

- Die Stärke des Schalles, die man verursacht, zum Beispiel durch das Dreschen zweier Bretter aufeinander, steht sinnbildlich für das Maß an Glück und/oder Fruchtbarkeit im neuen Jahr.
- Vielerorts springt man beim zwölften Glockenschlag möglichst geräuschvoll von einem Tisch auf den Boden. Wer diese Handlung unterlässt, fordert das Unglück heraus.
- Süddeutschland: Alle Türen des Hauses werden abgeschlossen, nur die Hintertür wird offen gelassen, da man glaubt, dass das Glück durch diese hineinkommt.
- Sachsen: Alle Mitglieder einer Familie trinken ihre Gläser um Schlag Mitternacht auf einen Zug gemeinsam aus und werfen diese dann durchs Fenster. Damit wird Unglück vom Haus ferngehalten.
- Klingen die Silvesterglocken nicht hell und klar, sondern dumpf und trüb, steht ein großer Krieg bevor.
- In vielen Gegenden wird zu Silvester ein Platz an der Tafel freigelassen, damit die Verstorbenen am Mahl teilnehmen können.
- Thüringen: Wer in der Silvesternacht um Mitternacht auf einen Dachboden geht, dem erscheint derjenige, der zuletzt in diesem Haus gestorben ist. Ist niemand gestorben, so erscheint der Teufel.
- Süddeutschland: Die Silvesternacht ist eine der vier Rauhnächte (Thomasnacht, Christnacht, Heiligdreikönignacht), in der der Priester oder der Hausvater das Haus durchräuchert, während die restlichen Hausbewohner mit Lichtern durch die Zimmer ziehen.
- Ruft man um Schlag zwölf dreimal den eigenen Namen, sieht man sich selbst im kommenden Jahr. Tut man dies allein auf dem Friedhof, geschieht etwas Schreckliches. Verzerrt man zu dieser Stunde das Gesicht, bleibt es auf diese Art stehen.
- Man fegt um Mitternacht mit einem Reisigbesen alle vier Ecken der Stuben aus und auch den Hof vor der Haustür. Auf diese Art kehrt man allerhand Unglück und Krankheiten weg.
- Moos, das man in der Silvesternacht nackt vom Friedhof holt, heilt Gicht, Nieren- und Gallensteine.
- Graubünden: Durch verschiedene Orakeltechniken werden die Mädchen für das kommende Jahr den Burschen zugelost.

- In der Silvesternacht kann man maßgeblich das Geschlecht seines zukünftigen Kindes bestimmen. Wird es auf dem Fell eines männlichen Tieres, unter das die verkohlten Knochen eines Hahnes gestreut wurden, gezeugt, wird es ein Junge. Andersherum, gezeugt auf dem Fell eines weiblichen Tieres über den Knochen einer Henne, wird es ein Mädchen.
- Ein Licht darf nicht ganz niederbrennen oder versehentlich ausgelöscht werden, sonst ist in den ersten Stunden des neuen Jahres gleich ein Toter zu beklagen.
- Westfalen: Schlägt man in der Neujahrsnacht dreimal auf den Griff einer Kirchentür, wird das Glück nie ausgehen.
- Schaut man durchs Schlüsselloch einer Kirchentür, wirft man einen Blick in die eigene Zukunft.
- Tragen die Pferde den Kopf hoch, so kommen sie im neuen Jahr vor einen Hochzeitswagen, stehen sie aber mit gesenktem Kopf im Stall, werden sie einen Leichenwagen ziehen.
- Bayern: Was man in der Neujahrsnacht träumt, geht in Erfüllung. Vor allem, wenn man einen geweihten Gegenstand unter das Kopfkissen legt.
- Man träufelt Blei, Wachs, Talg oder Eiweiß in kochendes Wasser und prophezeit aus der geronnenen Form die Zukunft.
- Starkes Morgenrot in der Neujahrsnacht deutet auf den Ausbruch eines Krieges oder einer Seuche hin.
- In dieser Nacht ist der Teufel allgegenwärtig, da er ein letztes Mal versucht, im alten Jahr die Geschicke für das Neue zu lenken. Vorsorglich verbreitet er so viel Chaos und Bosheit wie möglich.

EIN BRAUCH IM BILD

Stellt man sich in der Silvesternacht mit einem Reisigbesen, der im Vorjahr gebunden wurde, auf den Hof, kehrt sieben Mal im Uhrzeigersinn, und ruft dazu laut aus: »Pech, dich kehr ich aus! Glück, dich lass ich ins Haus!« sind Haus und Hof und alle, die darin wohnen im kommenden Jahr mit Glück und Frohsinn gesegnet. Auch alte Flüche werden auf diese Art bereinigt.

VORSCHLAG FÜR DIE GESTALTUNG DES TAGES

Auf die Zukunft vertrauen
Die Silvesternacht ist eine sehr kraftvolle Nacht, die auch symbolisch für den endgültigen Abschluss des Alten und den folgenden Neubeginn steht. Heute ist also die endgültige Gelegenheit, ohne Altlasten, die unser Herz und unsere Seele beschweren, in ein neues Jahr aufzubrechen und sich auf das Neue und Unbekannte einzulassen. Für viele ist genau das schwer: das Loslassen des Vertrauten und Bekannten, selbst wenn es uns in manchen Situationen schon längst nicht mehr weiterbringt oder gar beschwert. Die bisherigen Rauhnächte haben uns gezeigt, dass wir wieder lernen müssen, unser Herz zu öffnen für die Magie und auch für den Glauben, dass am Ende alles gut werden wird (siehe Ritualgestaltung: »Ritual das eigene Herz öffnen«).

Die heutige Nacht ist sehr geeignet für jegliche Art von Orakel, die Fragen bezüglich der eigenen Zukunft betreffen.

EIN MÄRCHEN ODER EINE SAGE ZUR NACHT

In einem kleinen Bauerndorf lebte einmal ein junges, wunderschönes Mädchen mit langen blonden Zöpfen und roten Wangen als einziges Kind bei ihren Eltern. Diese waren ärmliche Korbflechter und sie half oft mit, die Körbe zu fertigen und auf dem Markt zu verkaufen. Auf dem Marktplatz wurden viele Burschen auf sie aufmerksam und so mehrte sich die Zahl ihrer Bewunderer. Viele Männer kamen in das Korbflechterhaus, um dem Mädchen ihre Aufwartung zu machen. Dem Vater war das gerade recht, da er hoffte, auf diese Art zu Reichtum zu kommen. Er stand stets mit guten Ratschlägen bereit und erwählte seine Favoriten nach dem Vermögen, das sie mitbrachten. Allein dem Mädchen gefiel keiner der Burschen, die meisten waren unangenehme Prahlhanse, die großspurig auftraten, aber kein großes Herz hatten. Als nun der Vater zunehmend Gicht in den Fingern bekam und ihm das Flechten gar nicht mehr leicht von der Hand gehen wollte, wurde er immer drängender und ungehaltener. Der Silvesterabend stand bevor und mit ihm der jährliche Tanz im nahegelegenen Forsthaus. Dort war es Brauch, dass die Burschen und Mädchen miteinander anbandelten und so Verknüpfungen für das neue Jahr geschaffen wurden. Von seinem letzten Geld kaufte der Vater dem Mädchen ein neues Kleid und einen schönen Pelzmantel. Er schickte sie zur Tür hinaus, klopfte dreimal mit den krummen Knöcheln gegen den Türstock und rief seiner Tochter hinterher: »Und wenn du heute keinen vernünftigen Ehemann findest, dann hol dich der Teufel!« – Der Tanzsaal war gut gefüllt und allerlei Burschen umringten das Mädchen und kamen fast miteinander ins Raufen, wer denn nun ihr Tanzpartner werden sollte. Das Mädchen aber saß schweigend da und wies die jungen Männer der Reihe nach ab. Kurz vor Mitternacht öffnete sich die alte Holztür und ein kalter Windstoß fuhr in den Raum. Ein schneidiger Jägersbursche, groß und schlank, in grünem Loden angetan, betrat den Raum. Niemand zuvor hatte ihn je gesehen. Die anderen Burschen wollten ihm ein Bier in die Hand drücken, er aber fixierte die Korbflechterstochter mit seinen leuchtend blauen Augen, ging schnurstracks auf sie zu, reichte ihr die Hand und zog sie von der Sitzbank in seine Arme. Sie zeigte keinen Widerstand und ließ sich von dem fremden Jägersmann auf die Tanzfläche ziehen. Der Jäger warf den Musikanten einen kurzen Blick zu und diese begannen zu spielen, als ginge es um ihr Leben. Der Posaunist blies mit immer röteren Backen und dem Geiger sauste der Bogen nur so über die Saiten. Bald konnte niemand mehr bei diesem rasanten Tanz mithalten und die anderen Paare wichen nach und nach erschöpft von der Tanzfläche. Die Musikanten spielten immer noch schneller und schneller, das Tanzpaar sauste über den Tanzboden, schon berührten ihre Füße den Boden nicht mehr. Die Augen des jungen Jägerburschen begannen zu glühen, der wilde Tanz befand sich nun schon über einen Meter in der Luft. Jetzt konnten die Zuschauer erkennen, dass unter der grünen Lodenhose des Burschen zwei Ziegenfüße hervorragten. Entsetzt wichen alle zur Seite, da schlug es zwölf – mit einem Schlag öffneten sich die Fensterläden und das Tanzpaar sauste durch die Lüfte nach draußen. Nun endlich konnten die Musikanten innehalten, der Posaunist fiel ohnmächtig zu Boden und der Geiger hatte alle Saiten entzwei gespielt. Der Vater des Mädchens aber wurde keines Tages seines Lebens mehr froh, da seine Tochter nie wieder nach Hause zurückkehrte.

Und so sollte man immer aufpassen, wenn man andere verwünscht oder den Namen des Teufels in den Mund nimmt. Ganz besonders in den Rauhnächten.

Brauchtum: Der Teufel tritt in den Sagen und Märchen sehr häufig als schöner, junger Jägersbursche unter die Menschen, um ihnen in dieser Tarnung Versprechen abzuringen oder sie anderweitig zu täuschen. Zumeist ist er nur an einem starken Schwefelgeruch zu erkennen oder an seinem Pferdefuß, der nicht ganz in sein Schuhwerk passt.

8. RAUHNACHT

(9. RAUHNACHT)

31. DEZEMBER/1. JANUAR/TAG 1. JANUAR

Steht für den Monat August im neuen Jahr.

Namenstag/Name des Tages: Neujahrstag
Empfehlung für eine Räuchermischung: 1 Teil Weihrauch/1 Teil Myrrhe
Bauernregel: »Neujahrsnacht still und klar, deutet auf ein gutes Jahr.«
Bauernweisheit: Wer heute gut isst, muss das ganze Jahr keinen Hunger leiden. Dementsprechend gab es am heutigen Neujahrstag im Bauernleben reichlich und reichhaltige Speisen und sogar Nachtisch, was zur damaligen Zeit eher unüblich war. Auch das Gesinde durfte mit am Tisch sitzen und sich nach Herzenslust satt essen. In vielen Regionen wird am Neujahrstag auch in einem solchen Umfang gebacken, dass das Brot bis zum Dreikönigstag nicht ausgeht.

HISTORISCHE HINTERGRÜNDE

Der Neujahrstag ist ursprünglich kein christliches Fest. Auch Martin Luther wandte sich gegen einen eigenen Festtag dafür. Für ihn begann das neue Jahr an Weihnachten. Bis zur endgültigen Festsetzung des Neujahrstages im Jahr 1691 durch Papst Innozenz XII. auf den 1. Januar galt in weiten Teilen Europas der 6. Januar als Jahresbeginn. Im Mittelalter waren diverse Neujahrstage gebräuchlich. Manche feierten Neujahr zum Beispiel mit der Geburt von Jesus Christus am 25. Dezember. In Frankreich war es bis weit ins 16. Jahrhundert hinein verbreitet, dass das neue Jahr zu Ostern begann. Dann pendelte Neujahr wie Ostern durch den Kalender, als bewegliches Fest. In manchen Gegenden kam auch der 25. März, der Tag der Verkündigung von Mariä Empfängnis, als Neujahrstag infrage. Immer jedoch rankten sich einige Bräuche, Rituale und Feierlichkeiten um den ersten Tag im neuen Jahr. So stellte der Neujahrstag für die Landbevölkerung immer schon einen besonderen Tag dar. Heute sollte man, nach Möglichkeit, frische Kleidung anziehen. Für unsere Ohren mag sich das wenig besonders anhören, zu früheren Zeiten besaß man aber meist nur wenig Kleidung, welche auch nicht so oft gewaschen wurde, zumal in den Rauhnächten zuvor ja Waschverbot herrschte.

BRÄUCHE UND RITUALE

- In manchen Gegenden räuchert man heute alle Stuben mit gesegnetem Weihrauch aus.
- Oberbayern: Burschen springen gemeinsam in ihrer kompletten Sonntagsmontur in einen Eisbach, um das ganze neue Jahr über bei guter Gesundheit zu bleiben.
- Süddeutschland: Heute sollte man viel und deftig essen, allerdings sollte man darauf achten, dass immer ein Rest auf dem Teller zurückbleibt, dann wird man im kommenden Jahr keine Not leiden müssen.
- Der Zenit der Rauhnächte ist schon überschritten und so manch einer mag leichtsinnig werden und die Gebote zu seinem Schutze nicht mehr einhalten. Die bösen Kräfte aber lauern noch und sammeln ihre Kräfte, um in der letzten und stärksten Rauhnacht erneut zuzuschlagen. Weiterhin gilt ein striktes Wäschewasch- und Trockenverbot, die Luft ist noch immer voller umherirrender Seelen und Geister, die nur darauf warten, sich irgendwo festzuhängen.
- Das Alter der ersten Person, die uns im neuen Jahr außerhalb des eigenen Hauses als erstes begegnet, gibt Auskunft darüber, wie das Jahr verlaufen wird. Ist es ein Kind/Jugendlicher, steht ein gesundes und unbeschwertes Jahr bevor. Ist es ein Mensch mittleren Alters, bleibt man gesund, aber es warten einige entscheidende Veränderungen. Ist es gar ein Greis, kann man mit Krankheit oder Schicksalsschlägen rechnen. Oder abgewandelt: Ein junger Mann bringt Glück, eine Frau, vor allem eine Greisin, bringt Unglück.
- Die Kleider, die man heute zum ersten Mal anzieht, nutzen sich sehr langsam ab.
- Mit Lust und Fröhlichkeit muss das neue Jahr begonnen werden. Das Glückwünschen ist nicht nur bloße Höflichkeit, sondern ein wirksamer Zauber.
- Der Bauer wünscht auch seinem Vieh im Stall und den Obstbäumen im Garten Glück und Gesundheit.

- Man darf sich nur nie über Kreuz gratulieren oder beglückwünschen, sonst schlägt alles Gute ins Gegenteil um.
- Schlägt man am Neujahrsmorgen in aller Früh das Gesangsbuch oder die Bibel auf, gibt das erste Wort, das einem ins Auge fällt, Auskunft über das nächste Jahr.
- Graubünden: Durch verschiedene Orakeltechniken in lustiger Gesellschaft werden die Mädchen für das kommende Jahr den Burschen zugelost. Aus diesen Losungen entstehen die meisten Ehen.
- Ostpreußen: Am Neujahrsmorgen werden winzige Brötchen (3 cm lang) gebacken, für jede Person im Hause eines und auch für die Tiere.
- Das Backen von Gebildebrot am Neujahrstag, zum Beispiel in der Form eines Männleins, eines Rehs oder eines Hasen, hat ebenfalls eine lange und weit verbreitete Tradition.
- Pommern: Hier werden kleine Küchlein gebacken und durch Eindrücken eines Schlüsselbartes verziert. Jedes Familienmitglied und jedes Stück Vieh im Stall bekommt ein Stück und ist somit das ganze Jahr über immun gegen Hexen, Druden und böse Geister.
- Man darf den ganzen Tag über nichts aus dem Haus geben, verleihen oder verkaufen, da man sonst das Glück mit aus dem Haus gibt.

EIN BRAUCH IM BILD

Geht man am Neujahrsmorgen, kurz nach der Morgendämmerung, zu einer Quelle, streut sieben Lavendelblüten, die man an Johanni geerntet und seither in seiner Westentasche getragen hat, in das Wasser und trinkt zwölf Schluck, wird man im ganzen Jahr kein Unglück erleiden.

VORSCHLAG FÜR DIE GESTALTUNG DES TAGES

Das Leben bewusst spüren

Heute hat das neue Jahr begonnen und der Großteil der Rauhnächte liegt hinter uns. Bereits die Alten glaubten, dass der heutige Tag ein Spiegel des ganzen neuen Jahres ist. So ist es wichtig, den heutigen Tag bewusst, voller Glück und innerer Seelenruhe zu erleben. Das kann in Gemeinschaft sein, indem wir

Christians
Brunnen
1841

anderen bewusst und aus vollem Herzen Glück und Gutes wünschen oder gar mit einem kleinen Geschenk oder lieben Worten eine Freude bereiten. Das kann aber auch für uns alleine sein, indem wir einen Kraftort aufsuchen (siehe Ritualgestaltung: »Einen Kraftort aufsuchen«) und uns bewusst machen, welches Glück wir haben, dass wir diesen Moment an diesem wunderschönen Ort verbringen dürfen, mittlerweile schon angefüllt mit der Ahnung, wie viele Geheimnisse, neue Erlebnisse und schöne Entdeckungen das neue Jahr bereit halten wird. Heute sollte jeder negative Gedanke oder jede Unsicherheit bewusst ausgeblendet werden. Das alte Jahr liegt hinter uns und ist endgültig abgeschlossen. Das neue Jahr beinhaltet eine Fülle von neuen Möglichkeiten, die sich alle nach und nach entfalten werden. Für heute aber reicht es, einfach einmal bewusst im Moment zu leben und zu spüren, wie sehr uns das einfache Glück, am Leben zu sein, ausfüllen kann.

EIN MÄRCHEN ODER EINE SAGE ZUR NACHT

Vor hundert und mehr Jahren lebten zwei Nachbarn, Hans und Peter. Beide hatten von ihren Eltern hübsche Gütchen ererbt, wovon sie sich wohl ernähren konnten – und Peter nährte sich auch gut. Er war ein fleißiger, sparsamer Mann, der Erste aus den Federn und der Letzte in Feld, Hof und Stall. Darum standen seine Felder auch am besten, darum hatte er auch das schönste Vieh im ganzen Dorfe. Hans dagegen war lieber hinter dem Kruge als hinter dem Pfluge. Und wenn er zu Hause blieb, so stöberte er in einem alten Buche, das er in einem vergessenen Winkel auf dem Dachboden gefunden hatte und das von Geisterbeschwörungen und dergleichen Teufelskünsten handelte. Feld und Vieh waren fremden Leuten überlassen: Kein Wunder, wenn Feld und Vieh gleich mager waren. So kam er immer mehr in Rückgang, während Peter, der von Haus aus nicht mehr hatte als er, täglich wohlhabender wurde. Wenn Hans die vollen Getreidewägen seines Nachbars von glänzenden Kühen mit strotzenden Eutern heimführen sah, während sein hungriges Vieh ein armseliges Führchen mühsam herbeischleppte, so erwachte in ihm ein Neid, der sich zu dem unversöhnlichsten Hasse gegen seinen glücklichen Nachbarn steigerte. Es wurde sein sehnlichster Wunsch, dass sein Nachbar wenigstens so arm wie er selbst werden möge. Er versuchte sogar öfters, ihn in Schaden zu bringen, aber alles misslang. Eines Tages, als er sich wieder über den Wohlstand seines Nachbars recht erbost hatte, beschloss er, beim Teufel Hilfe zu suchen. Er schlug sein Zauberbuch auf und las laut Formeln ab, die den Teufel zu seinem Dienste zwingen sollten. Der Teufel, der immer nahe ist, wenn der Mensch des Herrn vergisst, erschien wirklich. Hans, der doch nicht so recht an das Erscheinen des Teufels geglaubt hatte, erschrak dergestalt, dass er keine Worte finden konnte. Als der Teufel ihn aber grimmig aufforderte zu reden, da er ihn doch einmal gerufen, bat er ihn zitternd und bebend um ein Mittel, den Wohlstand seines Nachbars ohne Gefahr für sich zu vernichten. Der Teufel sagt ihm das zu, verlangte jedoch, dass Hans verspreche, nach zehn Jahren sein eigen zu werden. Hans versprach es in seiner Todesangst und der Teufel bezeichnete ihm ein Kraut, das er in der Neujahrsnacht um zwölf im Walde unter Anrufung des Teufels holen und auf das Viehfutter seines Nachbars werfen sollte. Darauf verschwand er im Schwefeldampf. Hans tat, wie ihm geheißen, und des Tags darauf war sämtliches Vieh des Nachbarn gefallen. Peters Wohlstand war durch den Verlust seines Viehs gänzlich zerrüttet. Seine Freude und sein Stolz waren ihm genommen und er grämte sich so, dass er starb.

Da erwachte in Hans, der im Grunde seines Herzens nicht böse war, das Gewissen. Er sah die Schändlichkeit seiner Handlungen ein und verabscheute sie und sich selbst. Er versagte sich alle Freuden der Erde und flehte ganze Nächte auf seinen Knien Gott und die Seele seines Nachbarn um Vergebung seiner Missetat an. Endlich, unter harter Buße und guten Werken, verflossen die zehn Jahre, nach deren Ablauf Hans des Teufels Eigentum werden sollte. Der verhängnisvolle Tag war gekommen. Zu der nämlichen Stunde, wo der Pakt geschlossen worden war, erschien der Teufel und ergriff den zitternden, halbtoten Hans. Da schwebte im Glanze des Himmels der selige Geist Peters hernieder und sprach zum Teufel: »Weiche, Satan, du hast keinen Teil an ihm. Eine zehnjährige Reue hat sein Schuldbuch gelöscht und der Herr hat ihm verziehen, wie ich ihm schon längst verziehen habe, was er an mir getan.« Darauf ließ ihn der Teufel unwillig los und fuhr mit einem Gepolter, als wenn das ganze Haus zusammenstürzte, davon. Auch der selige Geist verschwand, nachdem er Hans noch freundlich angeblickt hatte. Auf den höllischen Lärm kamen Leute vorbei, die Hans sterbend fanden. Er konnte ihnen nur noch erzählen, was vorgefallen war, dann verschied er in Frieden. In dem Walde, wo er in des Teufels Namen das Zauberkraut gesucht wurde, ist es aber noch heute nicht geheuer.

9. RAUHNACHT

(10. RAUHNACHT)

1./2. JANUAR/TAG 2. JANUAR

Steht für den Monat September im neuen Jahr.

Namenstag/Name des Tages: Schlägelstag/Markarius/hl. Gregor
Empfehlung für eine Räuchermischung: Weißer Lavendel mit Fichtenharz (Mischverhältnis beliebig)
Bauernregel: »Wie das Wetter an Markarius war, so wird der September: trüb oder klar!«
Bauernweisheit: Obwohl heute der erste Arbeitstag im neuen Jahr ist, darf noch immer nichts Schweres in Angriff genommen werden. Dies bezieht sich auch auf Eingriffe in die eigene Gesundheit. So sollen nach altem Brauch am heutigen Tag medizinische Maßnahmen, sofern diese nicht dringend nötig sind, unterlassen werden. Früher war zum Beispiel der Aderlass strengstens verboten.

HISTORISCHE HINTERGRÜNDE

Der zweite Januar stellte allgemein das Ende der opulenten Feierlichkeiten der Weihnachts- und Neujahrstage und die Rückkehr zum normalen Arbeitsalltag dar. In manchen Gegenden geht auch heute verstärkt die Empfehlung um, allzu schwere Arbeit ruhen zu lassen. So war im Volksglauben der heutige Tag ein Unglückstag, an dem allzu schwere Arbeit umgehend bestraft wurde.

An diesem Tag war »Waldfeier«, ein Brauch der mittlerweile fast völlig in Vergessenheit geraten ist, und alle Waldarbeiten mussten unterbleiben. Dies wurde in einigen Regionen unter dem Namen »Schlägelstag« ab dem 15. Jahrhundert auch auf die Arbeit in den Schächten der Bergwerke ausgedehnt. Wer dieses Verbot nicht achtete, lief Gefahr, in den Wäldern auf Waldmännchen, den Waldschrat oder andere Waldgeister zu treffen, welche sich in ihrer Winterruhe gestört fühlten und den Störenfried mit grimmiger Rachsucht und grobem Zorn, mitunter auch mit dem Tod straften. Es ist kein Zufall, dass auch dergleichen Spukerscheinungen aus dem Wald, welche harte Arbeit bestrafen, in die Zeit der Rauhnächte fallen.

BRÄUCHE UND RITUALE

- Schweiz: Der Tag ist freizuhalten von allen Arbeiten. Bis in die heutige Zeit ist er unter dem Namen Berchtoldstag ein Feiertag geblieben.
- Bayern: Heute soll man keine Handwerker ins Haus bestellen, es wird ihnen nichts gelingen.
- Süddeutschland: Wer heute Holz hackt oder einen Baum fällt, zieht sich die Kröten und Frösche ins Haus.
- Man darf heute keinen Nagel einschlagen.
- Wer heute zu Gast in ein anderes Haus kommt, muss ein Stück vom Kletzenbrot abschneiden und gemeinsam mit den Hausbewohnern am Tisch verspeisen.
- Niederlausitz: Füttert man das Vieh am heutigen Morgen mit Brot, in welches Kräuter eingebacken sind, die in der letztjährigen Johanninacht gepflückt wurden, ist es vor Krankheiten geschützt.
- In den ersten Tagen des Jahres ist man sehr empfänglich für allerlei Eingebungen und Vorahnungen und sollte immer auf sein Gefühl hören, vor allem wenn der Vollmond auf diese Tage fällt.

EIN BRAUCH IM BILD

Wenn die Eiszapfen recht lang werden, so wird das Korn im nächsten Jahr sehr hoch stehen.
Findet man heute einen Eiszapfen, der von der Decke bis auf den Boden hängt, bricht diesen ab und nimmt in mit nach Hause ehe er schmelzen kann, wird er sich dort in reinen Bergkristall verwandeln.

VORSCHLAG FÜR DIE GESTALTUNG DES TAGES

Die Natur bewusst wahrnehmen

Nachdem nun nach den Feierlichkeiten der letzten Tage wieder etwas Ruhe in unser Leben eingekehrt ist, eignet sich der heutige Tag sehr gut dafür, um bewusst in die Natur zu gehen und die Wunder, die uns alltäglich umgeben, mit staunendem Auge zu ertasten. So kann uns ein Spaziergang zum Beispiel durch den Winterwald führen. Wir lauschen auf die Geräusche in unserer Umgebung, archaische Geräusche, von denen schon unsere Ahnen auf die gleiche Art umgeben waren (siehe Ritualgestaltung: »Die Natur bewusst wahrnehmen«).

EIN MÄRCHEN ODER EINE SAGE ZUR NACHT

Ein junges Mädchen wollte so gerne auf den Dreikönigsball zum Tanz gehen. Da es nur noch drei Tage bis zur Epiphaniasnacht waren, legte sie all ihre Überzeugungskraft zu Tage und versuchte die Eltern, vor allem den Vater, der die einzige Tochter nur ungern erwachsen werden sah, zu überzeugen, sie doch gehen zu lassen. Es war üblich, dass man in der Dreikönigsnacht die Partnersuche verstärkt betrieb und auf den Tänzen die Burschen und Mädeln miteinander anbandelten. Der Vater aber hatte allerlei Bedenken. Es war gerade eine Zeit, in der der Straßenverkehr zuzunehmen begann und immer wieder hörte man von allerlei Unfällen, die junge Halbstarke im betrunkenen Zustand verursachten. Da der Hof aber recht abgelegen lag, war eine Fahrgelegenheit notwendig, um den Tanz zu erreichen. Schließlich gab der Bauer dem Flehen nach und willigte ein, allerdings nur unter der Bedingung, dass er selbst der Fahrer war und seine Tochter mit dem Traktor zur Ballnacht fuhr und von dort zu verabredeter Stunde wieder abholte. Das Mädchen stimmte gerne zu und lief aufgebracht in ihr Zimmer, um ihr schönstes Kleid zurechtzulegen. Vor lauter Aufregung konnte sie am Abend nicht recht zur Ruhe kommen und ging in ihrem Zimmer auf und ab. Der Vollmond schien hell durch das Fenster und sie wollte gerade die Vorhänge zuziehen, als sie im Hof Motorengeräusche hörte. Dies war doch sehr ungewöhnlich, der Bauernhof lag am Ende einer Straße, ein durchfahrender Reisender war also ausgeschlossen und wer sollte denn um diese Uhrzeit noch zu Besuch kommen? Gespannt blickte sie durch das Fenster und konnte schon den Lichtkegel eines

Autos auf dem Waldweg wahrnehmen. Und kurz darauf bog ein großer schwarzer Wagen um die Ecke – »Maria hilf! Ein Leichenwagen«, dachte das Mädchen, konnte sich aber vor lauter Schreck nicht vom Fenster weg bewegen. Die Fahrertür ging auf und es stieg ein großer, blonder Bursche im Anzug aus, blickte zu ihrem Fenster hoch, machte eine einladende Geste in Richtung des Wageninneren und rief: »Komm, steig halt ein!« Schnell zog sie die Vorhänge zu, legte sich ins Bett und verkroch sich unter der Decke. Am nächsten Morgen beobachtete sie die Eltern, aber kein Wort fiel über den nächtlichen Besucher und so dachte sie, es musste sich um einen, aus der Aufregung geborenen, lebhaften Traum gehandelt haben. In der nächsten Nacht ging sie früh zu Bett und drehte sich mit dem Rücken zum Fenster. Sie verfiel in einen unruhigen Halbschlaf und war sofort hellwach, als abermals ein sich näherndes Motorengeräusch im Wald zu vernehmen war. Trotz aller Angst ging das Mädchen erneut zum Fenster und blickte in den Hof. Und tatsächlich: Wieder kam der große schwarze Wagen auf dem Hof zum Halten. Die Tür öffnete sich und der junge Mann stieg aus, wiederholte seine einladende Geste und rief zum Fenster hoch: »Jetzt zier dich nicht und steig halt ein!« Blass und müde saß das Mädchen am nächsten Morgen beim Frühstück und die Eltern befürchteten schon, dass sie krank geworden war. »Bleib heute Abend lieber daheim«, schlug die Mutter vor. Das wollte sie aber dann doch nicht und so zog sie ihr schönes Kleid an und ließ sich am Abend von ihrem Vater ins Dorf auf den Ball fahren. Ein wunderschönes Fest war dort im Gange, mit viel Tanz und Gelächter, und so waren die Schrecken der vergangenen Nächte schnell vergessen. Besonders, da sie immer wieder von einem besonders schneidigen Burschen mit dunklem Haar zum Tanz aufgefordert wurde. Nach einigen Stunden des Tanzes saßen sie zum Ausruhen auf einer Bank und der Bursche schlug vor: »Ich bin des Tanzens müde, aber es ist noch eine Stunde Zeit, bis dein Vater dich abholt. Mein bester Freund hat ein eigenes Automobil, lass uns doch gemeinsam eine Runde durch die Gegend fahren.« Ein aufregender Vorschlag für das junge Mädchen, war sie doch zuvor noch nie in einem Auto mitgefahren. Das musste schon ein anderes Gefühl als auf dem Traktor des Vaters sein. Sie gingen zusammen auf den Hof, dort stand bereits ein großer, schwarzer Wagen geparkt, die Tür öffnete sich und ein junger Mann mit blondem Haar stieg aus, der mit einladender Geste auf den Wagen verwies: »Komm, steig halt ein!« Vor lauter Schreck ließ das Mädchen ihren Burschen stehen, lief zurück in die Wirtsstube und wartete in einer Ecke, bis ihr Vater sie abholen kam. Die Eltern wunderten sich, warum sie am nächsten Morgen noch verschreckter wirkte, konnten aber kein Wort aus ihr herausbekommen. Wie gewöhnlich las der Bauer beim Frühstück in der Zeitung, legte diese aber plötzlich nieder und rief aus: »Da schau her! Letzte Nacht hat es in der Gegend wieder einen Unfall mit tödlichem Ausgang gegeben: Zwei junge Burschen haben sich vor lauter Übermut in der Geschwindigkeit überschätzt und sind mit ihrem großen Wagen von der Straße abgekommen und gegen einen Baum geprallt!«

Brauchtum: Der Leichenwagen dient als Vorzeichen: Lässt man die Scheunen- oder Garagentore, in denen der Leichenwagen geparkt ist, offen stehen, so muss sofort jemand sterben. An dem Dorfende, an dem der Leichenwagen nach der Beerdigung wieder eintritt, wird der nächste Todesfall einkehren. Begegnet man einem leeren Leichenwagen, bedeutet dies Unglück. Gespenstische Leichenwägen (wie in obigem Märchen) können als Vorzeichen eines drohenden Unglücks dienen.

10. RAUHNACHT

(11. RAUHNACHT)

2./3. JANUAR/TAG 3. JANUAR

Steht für den Monat Oktober im neuen Jahr.

Namenstag/Name des Tages: Caspar/Kaspar (nicht der eigentliche Namenstag, aber in manchen Regionen wurde den Heiligen Drei Königen in den Tagen vor dem Dreikönigstag einzeln gedacht, ehe dann der 6. Januar ihr gemeinsamer Feiertag war)
Empfehlung für eine Räuchermischung: 1 Teil Myrrhe/2 Teile Fichtenharz
Bauernregel: »Wenn's drei Tag nach Neujahr Regen gibt, oft um Ostern Schnee noch stiebt.«
Bauernweisheit: In manchen Gegenden ist heute tagsüber das Spinnen ausdrücklich erlaubt. Es heißt sogar, dass der Faden, der heute gesponnen wird, allerlei magische Eigenschaften besitzt und nie reißt oder verschleißt.

HISTORISCHE HINTERGRÜNDE

Die tiefe Volksverbundenheit mit den Heiligen Drei Königen zeigte sich darin, dass sie in manchen Regionen, vor allem in Oberösterreich, nicht nur gemeinsam verehrt wurden, ihrem Andenken wurde auch jeweils ein einzelner der drei Tage vor dem Dreikönigstag zugesprochen. Beginnend mit Caspar/Kaspar. Als Heilige Drei Könige oder Weise aus dem Morgenland bezeichnet die christliche Tradition die in der Weihnachtsgeschichte des Matthäusevangeliums erwähnten »Weisen aus dem Morgenland«, die mithilfe des Sternes von Betlehem zu Jesus geführt wurden. Im übrigen Neuen Testament finden sich weniger detaillierte Angaben: Sie werden nicht als Könige bezeichnet, auch gibt es keine Angabe über ihre Anzahl. Um die Heiligen Drei Könige herrscht eine umfangreiche Sagen- und Legendenbildung, die ungefähr im 3. Jahrhundert ihren Anfang nahm. Die weit verbreiteten Namen Caspar, Melchior und Balthasar werden erstmals in Legenden des 6. Jahrhunderts erwähnt. In der katholischen Kirche werden die Weisen als Heilige verehrt. Ihr gemeinsames Hochfest ist das Fest der Erscheinung des Herrn (Epiphanie) am 6. Januar. Die Heiligen Drei Könige werden als Schutzpatrone der Reisenden, Pilger, Kaufleute, Gastwirte und Kürschner verehrt.

BRÄUCHE UND RITUALE

- Reisende und Wanderer sind heute besonders geschützt.
- Bayern: Heute soll man sich nicht die Füße waschen, sonst fallen die Zehennägel ab.
- Wer heute einen Apfel oder eine Nuss vom Boden aufhebt, bekommt auf der Stelle einen schlimmen Ausschlag.
- Süddeutschland: Wer heute den Teufel sehen will, muss sich auf dem Dachboden auf eine Kuhhaut setzen.
- Süddeutschland, Österreich: Spinnt man am heutigen Tag, werden die Spinnerinnen gesegnet. Eine erstaunliche Abweichung vom strikten Spinnverbot während der ganzen Rauhnachtszeit. Dem heute gesponnenen Garn werden viele magische Eigenschaften zugeschrieben:

- Es wird nie von Motten befallen.
- Hängt man es krankem Vieh um, wird es wieder gesund.
- Umwickelt man damit gebrochene Arme und Füße, heilen diese wieder.
- Ein daraus genähtes Hemd schützt vor Hexenangriffen und beugt beim Sturze gebrochenen Knochen und anderen Verletzungen vor.
- Daraus gestrickte Socken bewahren die Füße vor Blasen und Schrunden.

EIN BRAUCH IM BILD

Hängt man heute ein Hufeisen über der Haustüre auf und bekreuzigt sich dreimal darunter, wir das ganze Jahr im Haus kein Unglück geschehen. Das Vermögen wird im Haus zusammengehalten und vermehrt sich gar auf geheimnisvolle Weise. Auch kann das Böse die Hausschwelle nicht überschreiten und das Glück wird im Haus gehalten. Das Hufeisen muss allerdings gefunden werden und darf nicht gesucht worden sein. Zu beachten ist, dass das Hufeisen bei senkrechter Lage wie ein umgedrehtes U, also mit den Enden nach unten, befestigt wird. Hängt es andersherum verdreht sich die Wirkung ins Gegenteil. Bei waagerechter Lage, zum Beispiel in Türstöcken, kennt der Volksglaube folgende Anbringungsmöglichkeit: Zeigt die offene Seite nach innen, ist dem Bösen der Zutritt verschlossen.

Zudem muss das Hufeisen genau mittig und gerade über dem Eingangsbogen angebracht sein, eine Schieflage oder Abweichung von der Mitte lädt Dämonen regelrecht zum Eintritt ein.

VORSCHLAG FÜR DIE GESTALTUNG DES TAGES

Die Schätze der Natur erkennen

Der heutige Tag eignet sich gut für einen kleinen Spaziergang durch die Winterlandschaft. Dabei können wir unseren Blick schärfen für all die wundersamen und wunderschönen Kleinigkeiten, die sich am Wegrand finden (siehe Ritualgestaltung: »Sammeln in der Natur«). Vielleicht finden wir eine Feder und nehmen diese mit nach Hause, oder einen Stein, der sich in der Hand besonders schön anfühlt. Zu Hause aufbewahrt, erinnern uns

diese Gegenstände im Laufe des Jahres immer wieder daran, dass uns auch die Natur mit allerlei Wunderwerken beschenkt und uns zugleich Ruhe und Ausgeglichenheit bietet. Vielleicht muss es gar nicht immer der große Konsumrausch sein und man kann auch abseits der reizüberfluteten Einkaufszentren Freude und kleine Geschenke für sich selbst finden. Beschriftet man diese Fundstücke mit Datum und Fundort, stellen sie zugleich ein kleines Museum voller persönlicher Erinnerungen dar. Außerdem können uns die kleinen Gaben der Natur auch dazu anregen, kreativ zu werden und etwas daraus zu basteln, womit wir dann wiederum anderen eine Freude bereiten.

EIN MÄRCHEN ODER EINE SAGE ZUR NACHT

Das war in den Heiligen Zwölften, wenn der Sturm die Felder fegt und die Wälder kämmt. Da fuhr Frau Frigg noch einmal über das märkische Heideland. Und die Menschen verriegelten Fenster und Türen. Denn ihre segenbringende Sturmfahrt soll kein sterbliches Auge mitansehen. Es saß aber um die gleiche Zeit ein Bauer bei seiner Frau auf dem ärmlichen Hausflet (veraltet: Eingangsbereich eines [Bauern]hauses) Da kam es näher mit schrecklichem Sturmgesang und raufte über das morsche Strohdach, dass den beiden da drinnen ganz bange wurde um First und Dach. Denn ihre Armut war groß. Früher, als ihre Kinder noch lebten, kamen in diesen Nächten die segnenden Gabenbringer auch unter ihr Dach, sprachen den Spruch, gaben die Frucht und sahen auf Zucht. Dann hielten die Tiere wohl Zwiesprache in ihren Buchten, schwärmten die goldenen Bienen um das verschneite Heidekraut, und es floss ein süßer Wein aus dem Hausborn (Anm. veraltet: Hausbrunnen) in diesen Nächten der Wende. Später aber war Misswachs über den Hof gekommen, dazu die Seuchen. Die hatten Kind und Kuh, Kalb und Katze weggerafft. Und wieder bedrohte der Sturm das morsche Gebälk und das Fachwerk krachte in allen Fugen. Von dem Druck der wirbelnden Winde sprang da die Haustüre auf und es schnob herein wie die wilde Meute, rasselte durch alle Ecken, prasselte in der Flamme am Herd und sprühte dann mit tausend Feuerfunken zum Schlote hoch, weit hinaus in den geduckten Buschwald da draußen. Der Bauer erhob sich schwer und benommen, schlurfte zur Haustür und schlug sie unwirsch ins Schloss. Da stieg aus dem aufgestöberten Aschenhaufen die neue Flamme hell zu den geschnitzten Pferdeköpfen des Rauchfanges auf. Bei ihrem Schein erkannten die beiden ein winselndes Hündchen am Herdplatz. Das lag da mit zottigem Fell, klopfte bettelnd den Schweif auf den Boden und fraß von den Feuerflocken der Asche. Es musste wohl eben bei der offenen Haustür hereingesprungen sein. Die Bäuerin nahm das Tier mitleidig auf, strich über das struppige Vlies und sprach: »Du bist in unsere Armut gelaufen. So haben wir wenigstens wieder eine lebendige Seele im Haus. Darum sollst du bei uns bleiben; so viel fällt immer noch ab.« Man konnte dem Hündchen wohl ansehen, es hatte sie Wort für Wort verstanden. Dankbar blickte es zu der neuen Herrin auf und rollte sich wohlig zusammen. Mit der Zeit entpuppte sich das Tier als ein lustiger Spitz mit blanken Äuglein. Durch ihn kam neues Leben in das verfallene Haus. Wohl mochten die Herzen der beiden mit dieser Gabe gewogen werden. Und es ergab sich, dass sie recht und treu waren und voll Freundlichkeit. Von Stund an ging ihnen alles wieder so leicht von der Hand wie in Zeiten, als sie noch in Fülle und Glück gewirtschaftet hatten. Das machte die warme Seele in ihrer kalten Einsamkeit. Die Sonne indessen stieg in den Sommerbogen und sank zurück mit dem Jahr, bis dass es noch einmal Winter wurde und die Zwölf Nächte kamen. Der Bauer aber hatte einen neuen Riegel für sein Haustor geschnitzt, und mochte die Windsbraut auch rütteln und schütteln, der Klotz hielt Stand. »Poch, poch, poch!«, schlug etwas gegen die Haustür. Die beiden dachten, es wird ein Verirrter sein, der vor dem Wetter noch unter Dach will. Drum erhob sich der Bauer und ging mir schweren Schritten, den Riegel zu lösen. Da stand im Eichenrahmen eine mächtige Frau. Die ragte ins Sturmgewölk unter den blitzenden Sternen. Lang wehte ihr Haar übers schlohweiße Kleid. In der Rechten hielt sie fest eine Peitsche. Doch ihre Stimme klang ganz vertraut: »Fürchte dich nicht«, rief sie ihm zu, »ich will nur mein Hündchen fordern, das ich im Vorjahr an dieser Stelle verlor. Ich weiß, ihr habt es gut gehalten wie euer eigen. So sind auch mit ihm, euch die guten Geister zurückgegeben. In dieser Einöde soll nun neues Leben wachsen. Kinder werden wieder im Hause spielen, Rösser und Kühe den Stall beleben, volle Frucht soll hinter dem Giebel liegen. Das alles gebe ich euch und den euren, solange warme Menschenherzen hier im Hause wohnen.«

Damit lockte die weiße Frau das Hündchen, zog es auf ihren Schoß und plötzlich standen alle Sterne in der leeren Haustür. Noch einmal ächzte das alte Gebälk. Dann aber wurde es still und feierlich wie im Wald. Im Nu schlugen neue Flammen aus der gesunkenen Herdglut und ihr Schein erhellte den ganzen Raum. Da glänzte es sonnenhell aus der Ecke, wo sonst das Hündchen gelegen hatte. Das war Gold. Ein großes gediegenes Metallstück fanden die beiden in dieser Nacht als Geschenk der fahrenden Frau. Nun wussten sie wohl, dass diese Frau Frigg gewesen war, der sie den neuen Wohlstand verdankten. Da umarmten sie sich wie vor Zeiten im Schein einer neuen Lebensglut. Mit dem kommenden Frühling füllte und festigte sich wieder das Haus. Kuh und Kalb, Ferkel und Fohlen, Hund und Huhn belebten den alten Hof. Und bald ging die Wiege wieder den alten Gang und Kinderlachen erklang überall, wo sonst die Seufzer der Armut hingen.

11. RAUHNACHT

(12. RAUHNACHT)

3./4. JANUAR/TAG 4. JANUAR

Steht für den Monat November im neuen Jahr.

Namenstag/Name des Tages: Melchior (siehe auch vorangegangene Rauhnacht)
Empfehlung für eine Räuchermischung: 1 Teil Myrrhe/1 Teil Tannenharz/1 Teil Salbei
Bauernregel: »Knarrt an Melchior viel Eis und Schnee, gibt's zur Ernt' viel Korn und Klee.«
Bauernweisheit: Der heutige Tag ist der vorletzte »verworfene Tag«. Heute bietet sich noch einmal die Gelegenheit, Dinge, die in den vergangenen Rauhnächten nicht beachtet wurden, wiedergutzumachen oder um Vergebung zu bitten.

HISTORISCHE HINTERGRÜNDE

Mit dem heutigen Tag verhält es sich genauso, wie mit dem gestrigen. Der Tag ist dem zweiten der Heiligen Drei Könige, Melchior, gewidmet – obwohl es ebenfalls nicht dessen eigentlicher Namenstag ist.

Als vorletzte Rauhnacht bietet sich heute zum letzten Mal die Gelegenheit vor der letzten und stärksten Rauhnacht, der Dreikönigsnacht, Buße zu tun, falls man während der vorangegangenen Tage Regeln missachtet hat.

BRÄUCHE UND RITUALE

- Backnang: Legt man heute das Joch der Zugtiere in die Sonne, ziehen sie das Jahr über leichter.
- Bayern: Besondere Aufmerksamkeit wird heute den Obstbäumen geschenkt. Schlagen ihre Äste im Sturmwind gegeneinander, ist dies ein Zeichen dafür, dass sie im nächsten Jahr reichlich tragen werden.
- Heute darf man keine Erbsen oder andere Hülsenfrüchte essen, da man sonst die Krätze oder Geschwüre bekommt. Man soll Erbsen nicht einmal mit Namen nennen.
- Süddeutschland, Österreich: Wer heute geboren wird, ist ein Glückskind, kann aber auch Werwölfe und Geister sehen.
- Regen am heutigen Tag weist auf einen guten Milchertrag der Kühe in den nächsten Monaten hin.
- Böhmen: Wirft man heute Erbsen und Nüsse in den Kamin, besänftigt man die Hausgeister.
- Süddeutschland: In der heutigen Nacht steigen versunkene Schlösser aus dem Boden und offenbaren ihre Schätze. Die Glocken versunkener Kirchen beginnen zu läuten.

EIN BRAUCH IM BILD

Beugt man sich heute in den frühen Morgenstunden über einen Brunnen, der tiefer als 20 Meter ist und wirft eine Münze hinein, wird sie in zehnfacher Ausführung zurückgeworfen. Wirft man etwas Wertloses hinein, wird man von einer eiskalten Hand gepackt und in die Tiefe gerissen.

VORSCHLAG FÜR DIE GESTALTUNG DES TAGES

Sich für das Neue öffnen

In dieser vorletzten Rauhnacht ist nun Zeit, um sich auch gedanklich voll und ganz auf den Weg zu machen. Die Zeit der Zwölften liegt nun fast hinter uns, nur noch eine Rauhnacht steht bevor. Als heutiges Thema könnte erwählt werden, die eigenen Wünsche und Ziele für das neue Jahr zur formulieren und eventuell sogar niederzuschreiben (siehe Ritualgestaltung: »Wünsche und Ziele formulieren«). Im Zuge der Rauhnächte sind wir unserer Seele schon sehr nahe gekommen und haben gelernt zu erkennen, worauf es im Leben wirklich ankommt, welche echten inneren Wünsche und Motivationen uns antreiben, anstatt Oberflächlichkeit oder durch Gier erwachsenen Bedürfnissen nachzustreben. Haben wir also nun unseren tiefsten Herzenswünschen nachgespürt, sollten wir uns verdeutlichen, dass es durchaus im Bereich des Möglichen liegt, dass sie sich im Laufe des neuen Jahres erfüllen werden. Und auch wenn dies nicht eintritt, sollten wir nicht enttäuscht oder böse werden. Wir können unsere Wünsche aussenden und uns mit der ganzen Kraft unseres Geistes darauf konzentrieren. Wann und auf welche Weise sie letztendlich erfüllt werden, liegt nicht in unserer Macht. Nur ein Wunsch, der aus unserem tiefsten Herzen entspringt, kann zu etwas heranreifen, an dessen Ende wir Glück und Seelenruhe empfinden. Zudem wird jeder Wunsch immer vom Leben geprüft werden, ob er sich sinnvoll in einen größeren Plan, den wir zu diesem Zeitpunkt noch nicht erkennen können, einfügt. Ist dies der Fall, können wunderbare Dinge geschehen. Die Saat für unsere Wünsche und Pläne können wir selbst setzen, das Ausreifen wird von anderen Mächten übernommen. So müssen wir vielleicht auch ein bisschen Grundvertrauen entwickeln, dass sich alles zum Guten wenden wird.

EIN MÄRCHEN ODER EINE SAGE ZUR NACHT

Es war einmal eine junge Bäuerin, die erst drei Tage verheiratet war. Der Bauer und das ganze Gesinde waren draußen im Stall, um dort Vorkehrungen für die Dreikönigsräucherung zu treffen. Sie war allein und hatte gute Weile. Darum ging sie durch das ganze Haus und besah sich die Wirtschaft mit Lust. Denn alles war blank und neu und wohlbestellt, dass einem jungen Weiblein das Herz lachen konnte. Sie dachte nun mit einem Male, sie könne wohl auch etwas schaffen, damit ihr Mann sie recht lobe bei seiner Heimkehr. Und da fiel ihr ein, sie wolle Butter ausrühren. So stellte sie sich denn ans Butterfass und fing an zu rühren. Aber weil sie eine reiche und verwöhnte Bauerntochter war und mehr auf Markt und Kirmeß herumstolziert war als in Haus und Hof gewerkelt hatte, ging ihr das Ding nicht gut vonstatten. Da sie nun schon verdrießlich werden und die Sache stehen lassen wollte, klopfte es an der Tür und eine ansehnliche alte Bäuerin kam herein. Die wünschte ihr freundlich die Zeit und sagte dann gleich, sie sei ja recht fleißig. Schon lange sehe sie ihr durchs Fenster zu, aber wenn sie mit Verlaub es sagen dürfe, so wie die Junge es mache, ginge die Sache nicht gut an. Das wird leblang kein Butterweck werden. Und wenn sie es ihr nicht übelnehmen wolle, so wäre sie herzensgern bereit, es ihr zu zeigen. Die Junge wollte schon auftrumpfen, dass sie keine Unterstützung brauche, aber rechtzeitig besann sie sich eines Besseren und sagte ganz freundlich und bescheiden, ja, das wär ihr ganz recht und sie wolle gut aufpassen. Wirklich, wie sie eine Weile zuschaute, dünkte es sie, etwas Lustigeres und Leichteres könne es nicht geben auf der ganzen Welt. Sie trat von einem Fuß auf den anderen vor lauter Ungeduld, das Ding zu beginnen. Und nun ging's wie gehext, und im Handumdrehen war sie fertig. »Ei, sieh mal, was für eine Kluge du bist, noch so jung und schon so gelehrig«, sagte die Alte mit verstecktem Hohn. »Ja, nun werde ich wohl ein Haus weiterschauen.« Statt nun zu sagen: »Ei, was nicht gar, Ihr werdet doch nicht gehen, ehe Ihr im Stüble gesessen und wacker gegessen, was ich Euch aufzutischen vermag,« sagte das unbesonnene Weiblein bloß: »Nun, so gehabt Euch wohl und seid bedankt und kommt auch gut heim.« Die alte Bäuerin ging mit ihrem steifen, raschelnden Rock bis zur Tür. Da drehte sie sich noch einmal um und sah die Junge mit einem scharfen Blick an. Die aber dachte nichts und merkte nichts. Da ging die Alte hinaus und die Jungbäuerin sah durchs Fenster, wie sie ihren Weg nahm, erst durch den Garten, dann über den kleinen Steg und dann am Haberfeld entlang bis zu dem alten Birnbaum. Hier aber blieb sie mit einem Male stehen und ließ einen grellen Pfiff vernehmen. Da fing das Butterfass in der Ecke auf einmal zu wackeln an und hob ganz sachte bald den einen Fuß und bald den anderen vom Boden auf und brummte leise:

»Rühre, rühre, Butterfass,
Ohne Wort mich gehen lass.
Weil die neue Frau mich ruft.
Weil die neue Frau sonst schilt,
Hast vergessen das Vergilt!«

Und da wackelte das Butterfass, hast du nicht gesehen, steckeldi, stockeldi, steckeldi, stockeldi durch die Stube zur Tür hinaus und nahm seinen Weg wie die alte Frau und dann weiter hinter ihr drein den steilen Steig hinauf bis zum Wald, wo gleich am Anfang ein halbverfallenes Häuschen stand, von dem niemand wusste, wer drin wohne. Die Jungbäuerin aber stand am Fenster und schlug die Hände über dem Kopf zusammen. Sie lief vors Haus und rief, so laut sie konnte: »Mein Butterfass, ei du mein liebes Butterfass, komm mir doch wieder, ich bitt dich gar schön!« Aber von dem Rufen kam nicht das Butterfass wieder zurück, sondern ihr Mann aus dem Stall gelaufen. Und wie sie ihm die Geschichte erzählte, sagte er ernsthaft: »Das war niemand anders als die Frau Huldra! Hättest du dich dankbar gezeigt und sie zu Tisch geladen oder ihr ein Wecklein Butter angeboten, so hätte sie wohl dein Butterfass in pures Gold verwandelt. So aber hast du das Nachsehen.« Die junge Frau sagte: »Ja, das nächste Mal will ich's wohl anders machen!« Aber die Rauhnächte waren fast vorbei und das Butterfass ist nicht mehr zurückgekommen.

Brauchtum: Das Butterfass ist von einem reichen Volksaberglaube umgeben. So gilt es als Stolz der Hausfrau und muss immer gut gepflegt werden. Legt man Knoblauch, welcher am Dreikönigstag geweiht wurde, in ein Butterfass, wird der Rahm nie versiegen. Legt man am Thomastag sein Ohr auf ein Butterfass, wird es einem die Zukunft künden.

12. RAUHNACHT

(13. RAUHNACHT)

4./5. JANUAR/TAG 5. JANUAR

Endet um 0.00 Uhr des 5. auf den 6. Januar in der Dreikönigsnacht mit Beginn des Dreikönigstages.

Steht für den Monat Dezember im neuen Jahr.

Namenstag/Name des Tages: Balthasar (siehe entsprechende Erklärung zu den vorangegangenen zwei Rauhnächten)/(Nacht vom 5. auf den 6. Januar) Dreikönigsnacht, Nacht der Wunder, Hollanacht, Perchtanacht, stärkste Rauhnacht, Krachnacht, Höllennacht, die feiste Rauhnacht (Bayern)
Empfehlung für eine Räuchermischung: 1 Teil Myrrhe/1 Teil Weihrauch/ 1 Teil Wacholder
Bauernregel: »Ist die Nacht vor'm Dreikönigstag sonnig und still, der Winter vor Ostern nicht weichen will.«
Bauernweisheit: Heute ist die stärkste aller Rauhnächte. Das Böse begehrt noch einmal mit all seiner Kraft auf, ehe sich die Tore zur Anderswelt wieder schließen. Es empfiehlt sich deswegen, heute unbedingt alle Vorschriften und Schutzmaßnahmen einzuhalten. Heute ballen sich ebenfalls noch einmal viele Bräuche und rituelle Handlungen. So finden seit vielen hundert Jahren in der Nacht vom 5. auf den 6. Januar die Perchtenumzüge statt, um das Böse endgültig in die Schranken zu weisen. Zudem kommen aber auch die guten Geister, die Seelen der Ahnen in der heutigen Nacht ein letztes Mal zu Besuch, bevor ihr Wirken bis zum Jahresende wieder unterbunden ist. Noch einmal deckt man heute in den Bauernstuben den Tisch reichlich für sie mit und lässt immer einen Krug Milch und Brot auf der Fensterbank stehen.

HISTORISCHE HINTERGRÜNDE

In der Dreikönigsnacht vom 5. auf den 6. Januar, so lautet die biblische Überlieferung, beendeten die Heiligen Drei Könige ihre Suche nach dem Jesukind. Mithilfe des wegweisenden Wandersterns, welcher vor ihnen herzog und in

Betlehem zum Stillstand kam, trafen sie am Stall ein. Dort schenkten sie der Heiligen Familie ihre Gaben: Gold, Weihrauch und Myrrhe.

Im Volksglauben ist die Dreikönigsnacht eine sehr mächtige und gefährliche Nacht, angereichert mit unzähligen Brauchtümern und Sitten. Sie markiert endgültig das Ende der Rauhnachtstage, das Licht ist durch die finsteren Tage hindurch bewahrt worden und gewinnt nun wieder die Oberhand. Mit dieser letzten Nacht schließen sich endgültig die Pforten zur Anderswelt. Mit ihr verschwinden all die Wesen, Geister und herumirrenden Seelen – allerdings nicht ohne noch einmal mit aller Kraft zu versuchen, die Geschicke des neuen Jahres nach ihrem Willen zu beeinflussen. Noch einmal versuchen die Dämonen und Geisterweisen, sich mit allen Mitteln in den Häusern und Seelen der Menschen festzusetzen. Das Wilde Heer braust ein letztes Mal mit ganzer Macht durch die Luft und auch Frau Holle bzw. Frau Perchta ist in dieser Nacht noch einmal allgegenwärtig. Sie hält doch letztendlich die Fäden des Schicksals in der Hand. Deswegen war man in der heutigen Nacht noch einmal besonders bemüht, sie gnädig zu stimmen. Vielerorts wurde ihr ein Schälchen Milch, die Perchtamilch, auf die Fensterbank gestellt, damit sie diese im Vorbeiflug kosten konnte. Heute liegt ein allgemeines Brausen und Sausen in der Luft und es empfiehlt sich, besser im Haus zu bleiben. Tut man es nicht und blickt um Mitternacht in den Himmel, kann man dort vielleicht einen Blick auf die Heilige Dreifaltigkeit erhaschen und hat dann drei Wünsche frei. Zudem wird geraten, dass man genau um Mitternacht – und keine Minute vorher! – alle Fenster und Türen des Hauses öffnet, damit der höchst segensreiche Dreikönigswind durch das Haus fahren und alles Übel aus den Räumen fegen und mit nach draußen nehmen kann. Heute ist noch einmal ein guter Zeitpunkt für kraftvolle Räucherrituale. In der heutigen Nacht wird auch die Perchtnacht gefeiert (siehe Perchtenbrauch). In ihr werden vielerorts Perchtenläufe, und, als Untervariante die Glöcklerläufe in den nördlichen Alpenregionen, abgehalten. In den Kirchen wird heute Abend oder am morgigen Dreikönigstag das Weihwasser geweiht. Es ist das segensreichste und heilbringendste Weihwasser. Auch andere Gegenstände, so zum Beispiel Salz und Kreide, werden geweiht. Bei allerlei Gelegenheiten werden diese geweihten Gegenstände verwendet.

Brauchtum: Mit dem Dreikönigswasser werden alle Personen in Haus und Hof, alle Stuben, die Ställe und das Vieh besprenkelt. Wenn man davon trinkt, wird man nicht krank. Zudem hält das Wasser sieben Jahre, ohne schal zu werden. Kommt eine Unke ins Haus (von der man dachte, dass sie den Tod verkündet) besprengt man sie mit Dreikönigswasser und das Schicksal ist abgewehrt. Das Dreikönigssalz wirft die Bäuerin in das Rührfaß, ehe sie die Milch anrührt. Ebenso wird es einer Wöchnerin in die Brotsuppe gegeben, um das Kindbettfieber fernzuhalten. In den Alpen bekommt das Vieh vor dem Alpauftrieb Dreikönigssalz, um es gesund zu halten. Mit der geweihten Kreide schreibt man am Dreikönigstag C + M + B (Christus mansionem benedicat = Christus segne dieses Haus) über die Haus- und Stalltüren. Sie dient aber auch dazu, um Schutzkreise, zum Beispiel vor Druden, zu ziehen.

BRÄUCHE UND RITUALE

- Eine Wünschelrute aus dem Zweig eines Haselnussstrauches, die in der heutigen Nacht geschnitzt wird, ist unfehlbar und mächtig. Nennt man sie Kaspar, wird man mit ihrer Hilfe Gold finden. Wird sie Balthasar genannt, findet man Silber, heißt man sie aber Melchior, findet man mir ihrer Hilfe Wasser.
- Bayern: Räuchert man heute Hüte und Kopfbedeckungen aus, bewahrt man im neuen Jahr einen freien Kopf und ist durch viele gute Einfälle gesegnet.
- Wasser, das um Mitternacht aus Quellen geschöpft wird, hat eine besonders starke Heilkraft.
- Heute ist wieder eine starke prophetische Nacht und alle in ihr geträumten Visionen werden sich erfüllen.
- Der Dreikönigswind ist ein heiliger Wind, der Stube und Haus segnet und Glück bringt.
- Süddeutschland und Österreich: Man stellt in der heutigen Nacht »Perchtenmilch« oder »Samperlmilch« bereit und backt daraus am morgigen Dreikönigstag den Dreikönigskuchen.
- Süddeutschland: Wenn man beim Gebetsläuten am Vorabend des Dreikönigstages einen Zaunstecken aus der Erde zieht, hört man aus dem entstandenen Loch die Zukunft sprechen.

- Bayern: Die feiste Rauhnacht = Reichliches Essen bringt heute Segen, und wer sich nicht genügend daran beteiligt, wird von der Perchta getreten.
- Westfalen: Das ganze Weihnachtsgebäck muss bis zur Dreikönigsnacht aufgegessen sein. Es bringt Unglück, wenn etwas übrig bleibt.
- Wie am Neujahrsabend kann man auch in der Dreikönigsnacht in die Zukunft sehen. Verschiedene Orakel, zum Beispiel Bleigießen oder Lichterschwimmen, können ausgeübt werden.
- Eifel: So viele Sterne man durch den Schornstein sieht, so viele Schoppen Wein muss man umgehend trinken.
- Engadin: Wer einem in der Dämmerung zuerst begegnet, wird der zukünftige Ehegatte.
- Wenn es am Dreikönigsabend friert, so wird es noch sechs Wochen lang Frost geben.
- Elsass: Legt man am Vorabend zwölf Weizenkörner stellvertretend für zwölf Monate auf den Ofen, sieht man am Dreikönigstag, welcher Monat der Ertragreichste wird.
- Thüringen: Scheint heute die Sonne, wird es ein friedliches Jahr.
- Franken: Der Bauer deckt in der Nacht drei Gedecke und lädt die Heiligen Drei Könige zu Gast.
- Um einen schnellen und gesunden Gang zu erhalten, legt man sich einen Zettel mit den Namen der Heiligen Drei Könige in den rechten Schuh.
- Oberbayern: Besonders geschützt ist ein Haus, das Dreikönigswasser aus drei verschiedenen Pfarren in den Weihwasserbehältern aufbewahrt.
- Schweiz: Am Dreikönigsabend werden für jedes Vieh im Stall drei Vaterunser gesprochen.
- Vor dem Dreikönigsräuchern müssen alle Stuben gründlich ausgefegt sein.
- Nach dem Dreikönigsräuchern schließen alle Familienmitglieder einen Kreis und der Hausvater räuchert jede Person einmal kurz an. Fehlt jemand in diesem Kreis, verstirbt er im nächsten Jahr.
- Böhmen: Auf den Höfen werden Strohballen angezündet, damit die Verstorbenen sich daran erwärmen können.
- Ehen, die am Vorabend von Dreikönig angebandelt werden, werden dauerhaft glücklich sein.
- Ohne Schutzgegenstände darf das Haus nach dem Abendläuten nicht mehr verlassen werden.

EIN BRAUCH IM BILD

Die Göttin Perchta raubt manchmal kleine, besonders schöne Kinder mit leuchtend hellen Haaren, um sie ihrer Schar an Heimchen hinzuzufügen, welche sie überall hin begleiten. Da die Göttin in der heutigen Nacht besonders nah über die Dächer der Häuser hinwegbraust, ist man gut beraten, ein dergleichen gestaltetes Kind nicht in die Wiege oder in das Bettchen zu legen. Das Kind soll man in der Dreikönigsnacht unter dem Bett schlafen lassen oder es mit zu sich ins Bett nehmen. Auch sollten Kinder heute nicht auf den Dachboden gehen oder auf Dächer und Bäume klettern.

VORSCHLAG FÜR DIE GESTALTUNG DES TAGES

Reflektieren

In dieser letzten Nacht sollten wir zur Ruhe kommen, ehe wieder der Alltag einkehrt. Es gibt hier keinen Vorschlag für ein Ritual, sondern die Anregung, sich Gedanken zu machen, was man während der letzten Tage wahrgenommen und gelernt hat. Es soll eine Nacht sein, in der wir dem Nachhall der vorangegangenen Nächte lauschen und ein Resümee ziehen können, was uns in dieser Zeit gut getan und gut gefallen hat und welche Rituale wir mit ins nächste Jahr nehmen wollen.

EIN MÄRCHEN ODER EINE SAGE ZUR NACHT

In einem wunderschönen, blühenden grünen Tal trugen die Obstbäume immer und die Felder waren fruchtbarer als andernorts. Sanft rauschende Wälder begrenzten das Tal und schützten es auf diese Art vor der restlichen Welt. Ein in der Sonne glitzernder Bach durchfloss es. Hier hatte sich die Göttin Perchta, solange sie auf der Erde weilte, mit ihren Heimchen niedergelassen. Die Dorfbewohner kannten und schätzten sie und ebenso ihre Heimchen, goldbelockte, artige Kinder. Sie waren gern gesehen und die Leute genossen den Anblick der strahlenden Kinderlein, die eifrig durch das Dorf liefen, einander neckend, mit einem glockenhellen Lachen. Auch unter den Dorfbewohnern herrschte ein reicher Kindersegen und niemand missgönnte seinem

Nachbarn etwas. So lebten die Leute lange Zeit glücklich miteinander und bedankten sich ab und an mit kleinen Gaben für den unsichtbaren Schutz ihrer Schirmherrin. Nun trug es sich zu, dass in einer kalten Winternacht eine Frau mit schwarzem Mantel und hölzernem Gehstock durch die Wälder kam und um Unterkunft bat, da sie den Weg verloren hatte. Die Dorfbewohner, die keinen Argwohn kannten, nahmen sie in ihrer Mitte auf, stellten ihr eine warme Stube zur Verfügung und boten ihr Brot und Butter aus den reich gefüllten Vorratskammern an. Zur gleichen Zeit geschah es, dass eine junge Frau, die lange auf ein Kind gehofft hatte, ein wunderschönes Mädchen mit goldenen Haaren in ihrer Wiege hütete. Voller Freude blickte sie dem gerade begonnenen neuen Jahr entgegen, in dem das Kindlein zu laufen beginnen würde und das Rauschen der Wälder, das Plätschern des Baches und das Grün der Wiesen im Sonnenschein für sich entdecken würde. Der Vater hatte eine prachtvolle Wiege für das Töchterlein geschnitzt und gemeinsam beugte sich das junge Paar voller Freude und Glück jeden Abend darüber.

So kam die Dreikönigsnacht heran und der Wind brauste schauerlich um die Häuser und pfiff durch die Ritzen der Bretter. Der Vater versorgte die Tiere im Stall und ging nach dem Abendläuten zu seiner Frau in die Stube, um der kleinen Tochter in der Wiege wie allabendlich über das Haar zu streichen. Das Abendläuten erklang aus dem Tal und gemeinsam ging das Ehepaar in die Kinderstube. Wie erschauderten sie, als die Hände einen eiskalten Kopf berührten und der kleine Körper leblos unter dem Federbettchen lag. Groß war das Weh und die Dorfgemeinschaft nahm Anteil am Schicksal der jungen Familie. Am Dreikönigstag wurde das Kind begraben und grauer Nebel hatte sich über das Tal gelegt. Nun begann ein Getuschel und ein Geraune. Niemand konnte sich erklären, warum das gesunde, prächtige Kindlein so plötzlich verstorben war. Da trat die fremde Frau aus ihrer Stube und mischte sich unter die Dorfbewohner. Sie ließ sich erzählen, was sich zugetragen hatte, setzte einen erstaunten Blick auf und fragte in die Runde: »Ja wisst ihr denn nicht, wer unter euch weilt und zu jeder Stunde Einblick in eure Häuser hat? – Die Perchta ist's und sie mischt sich in all eure Geschicke ein. Weil sie es aber nicht ertragen konnte, dass ein Kind geboren wurde, dass schöner als alle ihre Heimchen war, die sie bisher hatte, hat sie es in ihrer Nacht zu sich geholt um ihren Reigen an Kinderseelen zu erweitern.« Da wurde den Dorfbewohnern gar grausig zumute. Sie verschlossen ihre Türen, behüteten ihre Kinder mit Argusaugen und stellten keine Opfergaben für die Perchta mehr an die Fenster. Die fremde Frau wanderte weiter und verschwand lautlos in den Wäldern, aus denen sie gekommen war. Allein eine alte Frau im Dorf versuchte, die Gemeinschaft im Dorfe zu beschwören, dass ihr Misstrauen unbegründet war. Bei einer Versammlung, die hinter verschlossenen Türen und verriegelten Fenstern stattfand, sagte sie: »Schaut her, die Perchta lebte so lange unter uns und überall, wo ihr holder Schritt die Erde berührte, ist Glückseligkeit und Wohlstand für uns entsprungen. Und ihre Heimchen sind alle eines natürlichen Todes gestorben, noch ehe sie getauft werden konnten, und sie hat sie aus Güte zu sich genommen.« Doch diese Worte fanden kein Gehör, die Herzen der Dorfleute waren hart geworden. So rief eine andere Frau aus: »Wir müssen uns, unsere Höfe und unsere Häuser schützen. Lasst uns noch heute Nacht Kreidekreise in unseren Stuben und um unsere Wohnstätten ziehen, um die Perchta fernzuhalten!« Da begann es im Kamin zu brausen, ein Windhauch fuhr durch das Zimmer und die Asche stob aus der Feuerstelle. Im Raum stand die Göttin Perchta in all ihrer Pracht. Sie blickte in die Runde und hob dann mit klarer Stimme an: »Solches Unrecht ist mir noch nirgendwo widerfahren. Ich will euch aber nicht strafen. Allein ich möchte nicht länger an einem Ort wie diesem weilen. Wo Misstrauen und Hass Einzug gehalten und die Herzen verhärtet haben, ist kein Platz mehr für Glück und Wunder.« So sah man am nächsten Morgen die schöne Göttin gefolgt von ihrer traurigen Kinderschar durch das Tal schreiten und im Wald verschwinden.

Im folgenden Sommer brach eine schreckliche Dürre aus, das Bächlein versiegte und das Gras auf den Wiesen war verbrannt.

AUSKLANG

Die Pforten zur Anderswelt schließen sich um Mitternacht in der Dreikönigsnacht, die Wilde Jagd ist vorübergezogen und Frau Perchta begibt sich für eine kurze Weile zur Ruhe, ehe sie im Frühjahr in milderer Form zurückkehrt und die Fruchtbarkeit über die Wiesen und Felder bringt. In den verbleibenden Stunden der Nacht sollte man noch Vorsicht walten lassen, es könnte sein, dass die ein oder andere verlorene Seele den Weg noch nicht zurückgefunden hat. Aber spätestens mit Anbruch des Tageslichtes wird spürbar, dass nun die lichte und sanfte Seite des Winters bevorsteht. Der heutige Dreikönigstag gilt als Schlusspunkt und Neuanfang zugleich. Nach der Wildheit der Rauhnachtstage bringt er viele freudige und frohe Bräuche mit sich. Dennoch schwingt in ihm noch die Besinnlichkeit der vorangegangenen Tage mit. Ein würdiger Abschluss für eine heilige Zeit, die noch lange in den Herzen nachwirken wird.

HEILIGE DREI KÖNIGE

6. JANUAR

Namenstag/Name des Tages: Kaspar, Melchior, Balthasar/Dreikönigsnacht, Fest der Erscheinung des Herrn, Epiphanie, Epiphanias
Empfehlung für eine Räuchermischung: 1 Teil Myrrhe/1 Teil Weihrauch
Bauernregel: »Ist heilig drei König hell und weiß, kommt der Frühling ohne Eis, wird der Sommer sicher heiß.«
Bauernweisheit: Im Alpenraum begann das neue Jahr lange Zeit erst am 6. Januar. Dort wurde der heutige Tag auch »Hohes Neujahr« genannt.

HISTORISCHE HINTERGRÜNDE

Neben dem Feste der Ankunft der drei Weisen aus dem Morgenland an der Krippe Jesu feiert die Kirche heute Epiphanie. Epiphanie ist der ursprüngliche und heute noch in der evangelischen Kirche gebräuchliche Name des Festes. Es wird in der katholischen Kirche als Fest der Erscheinung des Herrn, volkstümlich und in vielen Kalendern auch als Dreikönigsfest, Dreikönigstag, Heilige Drei Könige bezeichnet. Fast ausgestorben sind Bezeichnungen wie Groß-Neujahr, Hochneujahr oder Oberster.

In Österreich wird dieser Tag auch Weihnachtszwölfer genannt, vermutlich in Anlehnung an einen alten Brauch, nach welchem das Weihnachtsfest zwölf Tage lang zu begehen war. Der letzte Tag war das Fest der Erscheinung des Herrn. Der Dreikönigstag beendet traditionell die Rauhnachtszeit und wird mit einer Vielzahl von Brauchtümern und Ritualen gefeiert. Mit zu den bekanntesten zählen sicherlich die Umzüge der Sternsinger: Kinder, die verkleidet als die drei Weisen aus dem Morgenland von Haus zu Haus gehen, an den Türen Lieder singen oder ein Gedicht aufsagen und im Gegenzug Süßigkeiten und Spenden erhalten. Auch werden heute noch Stuben und Stall ausgeräuchert. Allerdings nicht mehr, um das Böse zu vertreiben, sondern um den Segen in die Heimstätte zu bringen. Weit verbreitet ist ebenfalls der Brauch, über die Eingangstüren die Buchstaben C+M+B und die aktuelle Jahreszahl zu schreiben. Das geschieht mit Kreide, die in der vorangegangenen Nacht geweiht wurde (siehe Schutzmöglichkeiten).

- Das Anschreiben der Initialen C + M + B an den Haustüren besorgt der Hausvater, der Priester oder der dienstälteste Knecht.
- Wer ab dem siebten Lebensjahr an diesem Tag zu Ehren der Heiligen Drei Könige fastet, dem geben die drei Heiligen rechtzeitig bekannt, wann er sterben wird.
- Am Dreikönigstag wünscht man jungen Mädchen und jungen Burschen einen guten Mann beziehungsweise eine gute Frau.
- Österreich: Burschen können sich am heutigen Tag süße Gebäckstücke von ihren Auserwählten abholen.
- Die Tiere im Stall bekommen ein wenig Salz aus der Dreikönigsweihe mit ins Futter gemischt.
- Der Dreikönigstag ist der »Allloser« – das heißt, jede Stunde dieses Tages deutet, der Reihe nach, für einen Monat des neuen Jahres die Witterung an.
- An vielen Orten wandern die Kinder der Dreikönigszüge auch auf die Felder und stampfen und hüpfen darauf herum. Sie symbolisieren damit eine mildere Ausgestaltung der lärmenden Furchtbarkeitsgeister und bitten um eine reiche Ernte.
- Oberpfalz: C + M + B wird auch in den Kamin und in die Stubenecke geschrieben. Man bittet auf diese Art darum, das Haus vor Feuer- und Wassergefahr zu schützen.
- Breslau: Zerschneidet man einen Apfel und schreibt auf jede Hälfte die Namen der drei Könige, fügt die Hälften wieder zusammen und gibt ihn einer Wöchnerin zu essen, ist sie auf diese Art vor Totgeburten gefeit.
- Bayern: Gemeinsam mit allen Familienmitgliedern setzt man sich am Dreikönigstag mit bloßen Füßen um eine Glutpfanne, in welche Weihrauch gestreut wird. Der aufsteigende Dampf soll die Füße für die weitere Wanderung durch den Alltag und durch das ganze Leben stärken.

Brauchtum: Der Dreikönigssegen zeigt sich in vielerlei Belangen als hilfreich. Man schreibt auf einen Zettel: »Die Heiligen Drei Könige K (C) + M + B sind meine Weggesellen.« Steckt man diesen in seine Brusttasche, dann ist man vor vielen Gefahren geschützt, zum Beispiel vor Feinden, vor Gewalteinwirkung und Soldaten vor Kugeln oder anderen Waffen.

Schlussgedanken und Ausblick

»Die Beschäftigung mit der Vergangenheit,
das Zurückgehen in dieselbe,
hat einen überaus großen Reiz.
Was ehemals auf die Seele gewirkt hat,
gedacht und empfunden worden ist,
hat den jetzigen Zustand des Denkens,
Empfindens und Wollens mit gebildet.«

WILHELM FREIHERR VON HUMBOLDT

ZUSAMMENFASSENDER RÜCKBLICK

Nun ist die Reise durch die Rauhnachtszeit beendet. Zurückgeblieben sind viele Eindrücke, vielleicht einiges an neuem Wissen, manches, was uns zum Schmunzeln gebracht und wieder anderes, was uns zum Nachdenken angeregt hat. Oft war in diesem Buch von »den alten Zeiten« die Rede und davon, wie die Menschen früher gelebt haben. Es sollte aber nicht nur darum gehen, ein nostalgisches Sehnen nach vergangenen Tagen zu erwecken, vielmehr sollte spürbar und nachvollziehbar werden, wie tief die Wurzeln von Brauchtümern und Traditionen verankert sind und von welch elementarer Bedeutung der Brauchtumsschatz für die Menschen zu allen Zeiten war.

Unsere Vorfahren erlebten die Rauhnächte als eine rohe und unheimliche Zeit, mit einem auf viele Art geschärfterem Empfinden, als wir es unter unseren heutigen Lebensumständen noch nachvollziehen können. Der Winter konnte früher in der Tat lebensbedrohlich sein, die Kälte konnte einem an den

Leib rücken und vielfach wurden die dunklen, düsteren Tage auch für allerlei Raubzüge und andere Schurkereien genutzt. Oftmals spiegeln die alten Märchen und Sagen, zum Beispiel die Mythenkreise um die Wilde Jagd oder andere Rauhnachtsdämonen, nicht nur mythologische Ereignisse wider, sondern die konkrete Angst vor der Dunkelheit, den unbarmherzigen Witterungen im Winter und vor allem anderen, was in den kurzen Tagen und den langen Nächten im Verborgenen lauern konnte.

Unsere Vorfahren waren auf einer Art und Weise in den Rhythmus der Naturgezeiten und -geschehnisse eingebunden, wie wir es uns heute nicht mehr vorstellen können. Es war entscheidend, wie die Ernte ausfiel, wieviel Holz angehäuft oder welche Nahrungsmittelvorräte vorhanden waren. Man war auf die Gemeinschaft im Dorf, auf die Hilfe untereinander und auf Nächstenliebe angewiesen, um manche Situationen des Alltags überstehen zu können. Wie nachvollziehbar wird es unter dieser Betrachtungsweise, welche Vorfreude auf die hellere Jahreszeit herrschte, welch große Bedeutung es im Lebensrhythmus der Menschen hatte, wenn die Natur wieder erwachte und der Alltag durch Licht und Wärme etwas weniger beschwerlich wurde. Im Gegensatz zu dieser gemeinsam empfundenen Vorfreude auf das Licht, stimmte man sich auf die dunkle und kalte Jahreszeit ein, indem man sich durch viele Rituale und Schutzzauber in der Gemeinschaft Mut machte und stärkte. Diese beiden Aspekte erklären auch die große Bedeutung der Sommer- und Wintersonnwende. Dergleichen Zeitpunkte und Naturschauspiele stellten für die Menschen einschneidende Punkte im Jahreslauf dar. Die Zeit der Wintersonnwende war nicht ein bloßes meteorologisches Datum, sondern sie bedeutete auch ein Ereignis oder einen Wendepunkt im Leben der Menschen, sowohl als Individuum als auch in der Gemeinschaft. Die Auswirkungen dieser elementaren Ereignisse färbten unmittelbar auf alle Menschen, Tiere und Pflanzen ab. Ebenso verhielt es sich mit den Wesen der Anderswelt und den Geistern der Toten. Sie spielten im Leben der Menschen stets eine Rolle und kehrten regelmäßig zum Jahresende in die Gemeinschaft der Lebenden zurück, um die Menschen an ihre eigene Sterblichkeit zu erinnern und sie zu gemahnen, sich mit dem ständig präsenten Grenzbereich zwischen Leben und Tod auseinanderzusetzen. Auf diese Weise gerieten die Toten und auch die Gebräuche der Ahnen nicht in Vergessenheit und das Leben hatte stets einen tieferen Sinn.

Betrachtet man all dies, ist es nicht verwunderlich, dass das Auge weitsichtiger war für die Dinge, die in der Natur vorgingen und dass die Seele empfindsamer war für Naturgeister und andere unerklärliche Phänomene. Mensch und Natur lebten in einem Einklang, die Lebensgrundlage der Menschen beruhte allein auf der Natur und der Tierwelt. Im Gegenzug wurden Tier- und Pflanzenwelt geehrt und geschützt. Das Vieh, das für das Überleben der Menschen ebenfalls eine wichtige Rolle spielte, wurde mit in den Alltag und auch in die Rituale eingebunden, wie es aus vielen alten Bräuchen deutlich wird.

Oft erzählte man sich die alten Geschichten im Familien- und Freundeskreis in den langen, dunklen Abenden am wärmenden Herdfeuer sitzend. Auf diese Weise wurde Gemeinschaft geschaffen, der Zusammenhalt gestärkt und auch so manches Beispiel gestiftet, wie man sich zu verhalten hat, welche Handlungsweisen gut und welche böse waren. All dies spiegelt sich in der nicht zu erfassenden Vielfalt der alten Brauchtümer wider, die sich aber im Grunde doch alle um die gleichen Thematiken drehen und in allen Regionen und zu allen Zeiten auf gemeinsamen Fundamenten fußen. Viele Bräuche, zum Beispiel Schutz- oder Abwehrrituale, bezweckten, dass die Gemeinschaft und der Zusammenhalt untereinander gefestigt wurden. Die Menschen konnten Kraft schöpfen und sich sicherer fühlen für allerlei Prüfungen, die ihnen

im Alltagsleben bevorstanden. Sagen, Märchen und Geschichten stimmten gemeinsam auf besondere Zeitpunkte im Leben ein, zum Beispiel auf Hochzeit, Geburt oder den Tod.

Der Brauchtumsschatz stärkte die Menschen und erheiterte sie bisweilen auch. Nicht alle Bräuche waren ausschließlich nur ernst zu nehmen. Die Bräuche schufen Hoffnung und Zuversicht. Sie stifteten eine gemeinsame Identität in einem Leben, das in mancherlei Bereichen ungleich härter und grausamer war als unser heutiges Dasein.

Viele der alten Bräuche und Rituale mag man in unserem sachlichen Jahrhundert als Aberglaube belächeln und als wertlos für die heutige Zeit einstufen. Dennoch verbindet sie alle ein entscheidender Punkt: eine ganzheitliche Perspektive auf alle Dinge: auf das Leben und auf den Tod, auf das Seelenleben, die Geisterwelt, auf die Natur und alle Vorgänge, die mit ihr in Zusammenhang standen. Sie bieten eine existentielle Sicht auf alle Dinge der Welt und des Universums, die uns in unseren Tagen leider stark abhandengekommen ist und unser Leben zuweilen leer und ohne tieferen Sinn erscheinen lässt.

WAS KANN MAN AUS DEM ALTEN BRAUCHTUM HEUTE NOCH VERWENDEN?

Die Lebensumstände haben sich maximal gewendet. Wir leben in einer Zeit, in der nur noch wenige Gemeinsamkeiten zu den vorrangegangenen Jahrzehnten und Jahrhunderten zu finden sind. Der Einfluss der Religion hat abgenommen, der Umgang mit der Natur, den Tieren und den Mitmenschen hat sich gravierend verändert. Wir leben nicht mehr nur isoliert in einer kleinen und überschaubaren Welt, angewiesen auf die Überlieferungen der Alten, um uns ein Bild von der Welt zu machen. Die modernen Medien und technischen Errungenschaften ermöglichen es uns, alle Distanzen zu überbrücken, uns über alte Bräuche und andere Kulturen umfangreich zu informieren und einen großen geschichtlichen Zeitraum zu überblicken. Generell scheinen unsere heutigen Möglichkeiten unbegrenzt zu sein, in jeglicher Hinsicht. Und doch, oder gerade deswegen, lässt uns die heutige Zeit manchmal mit einer gewissen Leere in der Seele und vielleicht auch einer schwer zu definierenden Einsamkeit zurück. Das moderne Angebot an Zerstreuungsmöglichkeiten in allen Lebensbereichen ist schier endlos. Es lässt in uns, abseits vom stressigen Berufsleben, das Gefühl entstehen, dass man niemals allem gerecht werden, alles mitnehmen, oder alle Aufgaben zufriedenstellend erfüllen kann. Wie lange und nachhaltig macht es uns glücklich, wenn wir uns etwas Neues kaufen konnten? Berührt das wirklich unser Herz oder unsere Seele oder ist es nur eine kurzzeitige und oberflächliche Befriedigung eines viel tieferen Sehnens? Ein Sehnen, das sich auch in der Faszination für alte Zeiten und alte Bräuche widerspiegelt. Es geht nicht darum, das Leben von früher nachzuleben. Wir haben viele Elemente und Errungenschaften in unserer modernen Zeit, die man uneingeschränkt genießen kann. Es geht vielmehr darum, wieder etwas genauer hinzuhören und hinzusehen, so wie es auch die Alten getan haben. Wir müssen die Verbindung zu unseren Ahnen als etwas anerkennen, das die Zeiten überdauert. Wir stehen an der Spitze einer langen Reihe und sollten uns nicht völlig von dem isolieren, was vor uns war und was zu unserem Seelenempfinden maßgeblich beigetragen hat. Nach wie vor gibt es Konstanten in unserem Leben, die die Jahre hindurch überdauert haben und für uns genauso gültig sind, wie für unsere Vorväter. Sie können unsere Gefühlswelt nachhaltig prägen, wenn wir unseren Sinn dafür schärfen: der Wechsel der Jahreszeiten und die verschiedenen Empfindungen, die damit verbunden sind, die elementaren Ereignisse in unserem Leben wie Geburt und Tod, der Umgang miteinander und mit der Tier- und Pflanzenwelt.

Vielleicht kann uns die Zeit der Rauhnächte etwas zuraunen, was uns durch das ganze neue Jahr oder gar durch unser weiteres Leben begleiten kann. Vielleicht können wir wieder lernen, etwas aufmerksamer durch die Natur zu gehen und uns an den vielen Wundern zu erfreuen, die sie zu jeder Jahreszeit zu bieten hat. Viele der Rituale zielen darauf ab. Dabei sind gar nicht so sehr übersinnliche Wahrnehmungen und esoterische Erlebnisse wichtig, sondern vielmehr ein Umdenken, das im Kleinen beginnt. Das alte Brauchtum kann uns lehren, die Qualität des Lebens neu zu erspüren und zugleich auch zu erkennen, was vielleicht nicht so wichtig ist und uns mehr

Kraft kostet als Lebensglück beschert. Es gilt, die eigene Existenz wieder ein bisschen zu entschleunigen und den Geist ein klein wenig zu öffnen für den Zauber des Lebens und der Natur. Zudem kann man vielleicht auf diese Art auch bewusster schätzen, was wir in der heutigen Zeit alles leben und erleben dürfen.

Bräuche und Rituale müssen für uns keine Schutzfunktion mehr vor Verwünschungen oder Verhexungen bieten oder uns elementare Überlebensfunktionen sichern. Aber sie können uns helfen, wieder näher zu uns selbst zu finden. Und sei es nur, indem sie die Distanz zu unserer Kindheit und die damit verbundene Fähigkeit, uneingeschränkt Magie und Zauber in allen Dingen zu erkennen, überbrücken. Bei all den Reizen der heutigen Zeit verkümmert unsere Phantasie immer mehr und wird stark vom allgegenwärtigen Alltagsstress überlagert. Die Sagen, Mythen und Brauchtümer können dem entgegenwirken und uns wieder zurückführen in eine Welt, die nicht aus reiner Sachlichkeit besteht. Diese Welt regt die Phantasie an, bringt die Seele zum Klingen und behebt die vielseitig beklagte Entfremdung von der Natur- und Pflanzenwelt wieder.

Geballt treten all diese Phänomene in den Rauhnachtstagen in Erscheinung. In ihnen ist alles miteinander verbunden, was uns in unserer nüchternen Moderne scheinbar verloren gegangen ist. Genau aus diesem Grund eignen sich diese Tage wunderbar, um uns zu verdeutlichen, was in unserem Leben manchmal dieses leise Gefühl der Leere hervorruft, obwohl wir vermeintlich alles haben. Oft stellt sich in der heutigen Zeit das Gefühl ein, dass viele Menschen diese Sehnsucht immer stärker spüren, selbst wenn manche sie noch nicht direkt greifen oder deuten können. Das Interesse an den alten Bräuchen nimmt wieder zu, so sind zum Beispiel die Perchtenläufe, die noch durchgeführt werden, rege besucht, und auch die alte Tracht erfreut sich wieder wachsender Beliebtheit. All diese Dinge kann man problemlos in den eigenen Alltag mit einbinden. Die Beschäftigung mit dem Alten heißt nie, dass man mit allem Modernen abschließen muss. Es könnte vielmehr ein einander durchdringendes und bereicherndes Nebeneinander werden, indem man sich den Vorzügen der Moderne bewusst ist, aber sich nicht gänzlich von ihnen vereinnahmen lässt, sondern wieder mehr auf sein Innerstes lauscht. Dann wird sich wie von selbst eines in das andere fügen, genauso wie sich auch die althergebrachten Bräuche immer wieder in die neueren Lebenswelten und -umstände gefügt haben.

DIE TIEFERE BEDEUTUNG DER TRADITIONEN

Bei den meisten Bräuchen lässt sich gar kein genauer Entstehungszeitpunkt ausmachen. Vieles hat uralte Wurzeln und wurde im Lauf der Jahre weitergegeben und veränderten religiösen oder kulturellen Umständen angepasst. Ein einschneidendes Beispiel dafür ist die Zeitspanne des Überganges der Naturreligionen ins Christentum. Viele Brauchtümer und Traditionen wurden zu dieser Gelegenheit modifiziert und der neuen Religion angepasst. Man erkannte den enormen Nutzen des Brauchtumsschatzes und sah ein, dass es sinnlos und kontraproduktiv wäre, den Menschen ihre althergebrachten Sitten ganz zu nehmen. Stattdessen benannte man einiges um oder interpretierte eine neue Bedeutung hinein und erleichterte so den Menschen den Übertritt in den neuen Glauben und in die neue Lebensweise.

Ist es nicht schade, dass wir es in unserer heutigen Zeit nicht auch so halten können? Vielleicht könnte man einige der alten Bräuche auch unserer modernen Lebensweise anpassen oder in ihnen eine gewisse Brückenfunktion zur Vergangenheit erkennen?

Das Bewahren der Traditionen und des Brauchtumsschatzes ist von einer unermesslich großen Bedeutung. Gerade in der heutigen Zeit, in der sich eine zunehmende Unruhe und Orientierungslosigkeit unter den Menschen bemerkbar macht. In einer Zeit, in der vieles global und einheitlich gelöst wird, kommt Individualität an manchen Stellen zu kurz. Und genau hier kann der reiche Schatz an Traditionen anknüpfen und mit seiner regionaltypischen Individualität eine feste Konstante im Leben bieten. Er kann uns auf diese Art unterstützen, zu unseren vielseitigen kulturellen Wurzeln zurückzufinden. Traditionen können uns helfen, wieder einen tieferen Sinn in unserem Dasein zu finden und unsere Seelen reifen zu lassen. Sie zeigen uns, wie man das Leben schätzt, wie man innere Einkehr finden und eine tiefe Dankbarkeit gegenüber der eigenen Existenz und allem was diese umgibt, lernen kann. Auf diese Art kann uns der Brauchtumsschatz dabei unterstützen, dem Leben eine größere Wertigkeit zu geben und einen gefestigten Platz darin einzunehmen.

DIE SCHWELLE INS NEUE

Seit alters her dient die Zeit der Rauhnächte dazu, sich auf das neue Jahr vorzubereiten, sich von Altlasten zu befreien und gestärkt mit neuer Kraft und reinem Herzen in das neue Jahr zu schreiten. Vieles von dem, was uns im neuen Jahr erwarten wird, können wir gezielt beeinflussen, manch anderes obliegt allein der Kraft des Schicksals. Und gerade in Momenten, in denen das Schicksal zuschlägt, ist es wichtig, innerlich gefestigt und mit gestärktem Herzen durch die Tage zu gehen. Jede Herausforderung beinhaltet immer auch die Möglichkeit, innerlich zu reifen und zu wachsen und die eigene Entwicklung voranzutreiben. Und jedes Jahr aufs Neue leiten die Rauhnachtstage die Reise ein, die aus der Dunkelheit ins Licht führt.
Während des ganzen Jahreslaufes warten noch viele weitere traditionelle Festtage und brauchtumsreiche Anlässe, die den Jahreskreis in Höhepunkte untergliedern und Gelegenheit zu freudvollen Zusammenkünften bieten.

AUSBLICK AUF WEITERE LOSTAGE UND -NÄCHTE

——— Im volkstümlichen Brauchjahr gibt es eine Vielzahl an religiösen Anlässen und brauchtumsträchtigen Tagen, die mit unterschiedlichen Traditionen begangen werden. Hierbei lässt sich wieder ein deutlicher regionaler Unterschied erkennen. Gemein war aber allen Tagen, dass sie ausgelassen gefeiert wurden und die Vorfreude darauf den harten Arbeitsalltag erträglicher machte. In einer ähnlich geballten Form wie die Rauhnächte treten diese Festtage im Jahreslauf kein weiteres Mal auf. Dennoch sind mit großer Regelmäßigkeit weitere Tage zu finden, um die sich interessantes Brauchtum rankt und die es ebenfalls wert sind, dass man sich ihrer erinnert und ihren ursprünglichen, tiefen Sinn bewahrt und weitergibt.

Neben Weihnachten zählen natürlich die anderen großen christlichen Jahresfeste, Ostern und Pfingsten, zu diesen brauchtumsreichen Tagen. Aber auch viele der anderen Festtage gab es bereits in vorchristlicher Zeit, sie wurden im Laufe der Jahre umbenannt und uminterpretiert. Viele dieser Tage sind mit weit zurückreichenden Wurzeln in unserer Kulturgeschichte verankert und gleichfalls von einem gewissen heiligen Charakter. Ein kurzer Ausblick soll noch einige dieser Tage aufgreifen. Natürlich gab es im bäuerlichen Feierjahr derer noch viel mehr, einige sind aber heutzutage schon völlig aus unserem Alltag verschwunden.

Bis vor wenigen Jahrzehnten endete die Weihnachtszeit noch mit Mariä Lichtmess am 2. Februar. Traditionellerweise wurden zu diesem Zeitpunkt die Weihnachtsbäume aus dem Haus entfernt und die Krippen abgebaut. Heutzutage hat der Festtag für die meisten von uns keine große Bedeutung mehr, dabei ist es ursprünglich eines der ältesten Feste der christlichen Kirche und geht sogar noch tiefer bis in die Zeit der Kelten zurück. Mit Mariä Lichtmess verbinden sich viele Volksbräuche und Bauernregeln. Seit dem 11. Jahrhundert existiert der wohl bekannteste Brauch der Kerzensegnung und der Lichterprozessionen. An Lichtmess wurden die Kerzen der Kirchen und der Familien geweiht, die für das nächste Jahr benötigt wurden. Einige Monate später, wenn das Licht, die Wärme und die Helligkeit endgültig die Oberhand gewonnen haben, bietet der Monat Mai viele Anlässe für Feierlichkeiten und Zusammenkünfte. Die Nacht auf den 1. Mai ist als Walpurgisnacht bekannt. Sie ist mit starkem, teils unheimlichem, Aberglauben behaftet und wird heute noch in vielen Orten mit Feuern und Tänzen gefeiert. Der 1. Mai ist traditionell ein Tag, an dem sich noch viele Bräuche erhalten haben. Zwei Wochen später, zwischen dem 12. und 14. Mai, bieten die Eisheiligen Gelegenheit für unzählige Bauernregeln und Wetterorakel.

Ein weiterer Festtag, dem wir im Zusammenhang mit einigen Rauhnachtsbräuchen bereits mehrmals begegnet sind, ist der Johannistag am 24. Juni. Kräuter, die am Johannistag oder in der Nacht zuvor gepflückt wurden, haben eine sehr starke Wirkkraft und werden oft im Zuge des Rauhnachtsgeschehens verwendet. An diesem Tag gedenken die Christen der Geburt Johannes des Täufers. Traditionellerweise ist das auch der Tag, an dem die meisten Sonnwendfeiern und Sonnwendfeuer stattfinden. Am 27. Juni wird der Siebenschläfertag begangen, ein äußerst wichtiger Tag im bäuerlichen Wetterkalender. An ihm entscheidet sich, wie in den nächsten sieben Wochen das Wetter werden wird. Kräuter, welche an Mariä Himmelfahrt (15. August) geweiht werden, spielten ebenfalls im Rauhnachtsgeschehen eine Rolle. An diesem Tag werden in der katholischen Kirche seit Jahrhunderten Kräuterbuschen geweiht. Sie bestehen zumeist aus sieben verschiedenen Kräutern, die die sieben Sakramente oder die sieben Schmerzen Mariens symbolisieren, und helfen den Rest des Jahres gegen schwere Krankheiten oder dämonische Kräfte. Ein weiterer einschneidender Tag im Bauernjahr ist seit jeher der 29. September, St. Michael. Er läutet offiziell die stille Zeit und den Beginn der häuslichen Arbeiten ein. Am ersten Sonntag im Oktober wird dann das Erntedankfest, ebenfalls umrankt von allerlei Brauchtum und Ritualen, gefeiert. In neuer Zeit geht das Erntedankfest auch oft mit der Kirchweih einher. Früher war das ein Festtagszyklus, dem im Brauchjahr eine enorme Bedeutung zukam und der mit ausschweifenden, mehrtägigen Feierlichkeiten begangen wurde. Und so schließt sich der Jahreslauf schön langsam wieder und mündet erneut in die dunklere Zeit. Anfang November nehmen Allerheiligen und Allerseelen noch eine wichtige Stelle im Brauchjahr ein. Am 11. November wird St. Martin gefeiert, zu diesem Festtag haben sich noch einige alte Bräuche erhalten. Ende November, vom 29. auf den 30., begegnet uns eine weitere kräftige Losnacht, die Andreasnacht. Der 30. November ist der Todestag des heiligen Andreas. Nach altem Volksglauben ist diese Nacht, ähnlich wie die Thomasnacht, sehr gut dafür geeignet, um durch Orakel den künftigen Ehepartner herauszufinden. Das liegt darin begründet, dass der heilige Andreas als Schutzpatron der Liebenden und der Eheleute gilt. Am 4. Dezember ist der Barbaratag, an welchem sich ebenfalls noch einige alte Bräuche, zum Beispiel das Schneiden der Barbarazweige, erhalten haben. Ein wichtiger Brauchtumstag, vor allem für die Kinder, ist St. Nikolaus am 6. Dezember. Am 13. Dezember ist der Tag der Heiligen Luzia und danach beginnt mit dem Thomastag am 21. Dezember erneut das Brauchtumsgeschehen rund um die Rauhnächte.

Die vielen und brauchtumsreichen Feiertage im Bauernjahr trugen die Menschen seit jeher durch den Jahreslauf. Vielleicht können auch wir ihr Andenken etwas aufrechterhalten und den tieferen Sinn hinter vielen der alten Rituale und Brauchtümer nicht ganz aus dem Gedächtnis verlieren.

Oft wurde das Wort »Brauchtumsschatz« verwendet. Es handelt sich hierbei wirklich um einen Schatz und um ein kulturelles Gut, das auch in unserer heutigen Zeit lebendig erhalten werden muss und nicht in Vergessenheit geraten darf.

SCHLUSSWORT

So ist es nun an der Zeit, Abschied zu nehmen. Ich danke Ihnen von Herzen, dass wir diese Reise durch die Rauhnächte gemeinsam unternommen und Sie mich zugleich auf dieser persönlichen Reise begleitet haben, die für mich dieses, mein erstes Buch in vielerlei Hinsicht darstellt.

Ich wünsche mir, dass Sie ein klein wenig aus der Lektüre mitnehmen und im neuen Jahr und auf ihrer weiteren Lebensreise für sich nutzen können. Sei es eine Erweiterung des bereits vorhandenen Wissens oder ein neugewonnenes und gewachsenes Interesse am alten Brauchtumsschatz. Oder gar ein Herz, das ein klein wenig empfindsamer für das Vergangene geworden ist, das auch in unserer modernen Welt noch auf die leisen Töne der Vergangenheit zu lauschen und die verborgenen Geheimnisse des Lebens zu erspüren vermag.

Möge das neue Jahr viele schöne Stunden und tiefgreifende Erlebnisse für Sie bereithalten.

DANKSAGUNG

Von Herzen möchte ich meinen Eltern danken, die mir die Liebe zur Bodenständigkeit, zur Natur und den Wert der »kleinen und leisen Momente« schon als Kind vermittelt haben und meiner Seele zu jeder Zeit alle Möglichkeiten zur freien Entwicklung und Entfaltung ließen.

In tiefer Liebe danke ich meinem Mann, der Licht und Schatten und einen tiefen Sinn in mein Leben gebracht hat, mir die Zeit schenkt, meine Kreativität zu entfalten und das Leben zu erfahren und mich bei all meinen Projekten so wie auch bei den Fotografien für dieses Buch aus voller Kraft unterstützt.

Ich danke Herrn Dr. Ludscheidt, der meine Begeisterung für literarische Projekte entfacht hat.

Die stimmungsvollen Kulissen der Freilichtmuseen Massing und Finsterau sowie des Museumsdorfes Bayerischer Wald halfen mir, viele der Bilder umzusetzen und die Geschichten mit anheimelndem fotografischem Beiwerk zu schmücken.

Ich danke für die Erlaubnis, die kulturgeschichtlich höchst wertvollen Museen als Kulisse nutzen zu dürfen.

Freilichtmuseum Finsterau/Freilichtmuseum Massing: »In Niederbayern sind aus lokalen Initiativen in Massing und in Finsterau im Bayerischen Wald zwei regionale Freilichtmuseen hervorgegangen.

Das **Freilichtmuseum Massing** wurde nicht nach einem großen, im Voraus entwickelten Plan errichtet, es entstand vielmehr Zug um Zug und wird kontinuierlich erweitert. Es nimmt heute alle klassischen Aufgaben eines Museums wahr: Forschen, Sammeln, Bewahren und Vermitteln. Besonders drei Gruppen hat der Zweckverband bereits in seiner Satzung ins Auge gefasst: Handwerkern und Architekten sollen am Beispiel alter Gebäude, Geräte und Möbel die alten Techniken vor Augen geführt werden. Feriengäste sollen im Freilichtmuseum ein unverfälschtes Bild niederbayerischer Kultur vorfinden, um Verständnis für den Wert und die Eigenheit ihres Gastlandes und dabei zugleich auch Einsicht in das Wesen ihrer eigenen Kultur zu gewinnen. Schüler sollen im Museum Motivation und Quellen für die Beschäftigung mit der Geschichte ihrer Heimat erhalten.« (Offizieller Museumsführer Freilichtmuseum Massing)

»In den fünfzehn Jahren seines Bestehens hat sich das **Freilichtmuseum Finsterau** bei seinen Besuchern und in Fachkreisen bereits breite Anerkennung erwerben können. Dazu wurde bereits bei der Auswahl des Museumsgeländes die Grundlage geschaffen. Am Rande der Wälder des Nationalparks und Böhmens, auf einer flachen Anhöhe über dem kaum bebauten Reschbachtel, ist das Museum in die 280 Jahre alten Fluren des Waldhufendorfes Finsterau eingebettet.

Der langsame aber stete Ausbau bietet immer wieder neue Einblicke in die Siedlungs- und Baugeschichte des Bayerischen Waldes. Das Entstehen eines besonderen Freizeit- und Bildungsangebotes geht im Freilichtmuseum Finsterau Hand in Hand mit kulturwissenschaftlicher Arbeit. Sonderausstellungen zu verschiedenen volkskundlichen Themen tragen dazu bei, den Auftrag des Museums zu erfüllen: Einsichten in die wirtschaftlichen, baulichen und sozialen Gegebenheiten der fernen und jüngsten Vergangenheit des Bayerischen Waldes zu vermitteln.

Freude und Erholung, Anregung und Vermittlung sollen in diesem Museum zu gewinnen sein.« (Offizieller Museumsführer Freilichtmuseum Finsterau)

»Das Museumsdorf Bayerischer Wald in Tittling ist eines der größten Freilichtmuseen in Europa und zeigt über 100 Gebäude von 1580 bis 1850, darunter die älteste Volkschule Deutschlands aus dem Jahre 1666. Den Besucher erwarten wunderschöne alte Bauernhöfe, Kapellen, Mühlen, Sägen, farbenprächtige Bauerngärten und alte Haustierrassen. In den Gebäuden sind eingerichtete Bauernstuben und hervorragende Ausstellungen zum religiösen und alltäglichen Leben zu finden.

Das Museumsdorf Bayerischer Wald ist ein rein privates Museum, das von Georg Höltl gegründet wurde und von der Familie Höltl geführt wird. Es ist eingetragen in das Verzeichnis national wertvollen Kulturgutes.«

Ein liebes Dankeschön richtet sich an die kreativen, talentierten und findigen Damen, die mich mit historischer Kleidung ausstatten:

Esther Constanze Mohrlok: welche mit einem wunderbaren handwerklichen Talent ausgestattet, alte Strickmuster am Leben erhält und diese mit hochwertigen Naturmaterialien in die Gegenwart transportiert und so ein Stück Geschichte am Leben hält.

FranzXaver Dirndl in Pfaffenhofen: eine findige Dame mit einer bemerkenswerten Sammlung wunderschöner und einzigartiger Vintage-Dirndl in fast jeder Ausführung und Machart, zudem die Schöpferin einer eigenen Dirndl-Kollektion, welche eng an die alten Schnittmuster angelehnt ist.

Julia Küntscher: eine private Sammlerin alter Vintage-Kleidung, vor allem aus der ersten Hälfte des letzten Jahrhunderts, darunter auch wunderschöne antike Trachtenmodelle.

BILDNACHWEIS

Sofern nachfolgend nicht anders gekennzeichnet, stammen alle Bilder einschließlich der Umschlagbilder von R. und N. Stegelmeier.
Ein herzliches Vergelt's Gott geht an zwei sehr talentierte Fotografen, die mich mit ihren Aufnahmen unterstützten, als »mir der Schnee ausging« und keine weiteren Winterbilder zu realisieren waren:

Kilian Schönberger: S. 10, 44, 104, 120, 252, 257, 262
Melanie Martinu: S. 122, 125, 131, 143, 148, 152, 155, 158

Und an unsere wunderbare Hochzeitsfotografin
Daniela Blöchinger/Fotostudio A: S. 141

LITERATUR

Viele der alten Brauchtümer und Märchen wurden mir mündlich zugetragen. Ich bedanke mich bei den geduldigen Erzählern, die es auf diese Art ermöglichen, den Brauchtumsschatz zu wahren.

Ich übernehme keine Garantie für eine Richtigkeit oder Vollständigkeit der überlieferten Brauchtümer. Oftmals variieren diese Erzählungen von Region zu Region oder unterlagen im Laufe der Jahre Veränderungen und Umdichtungen.

Einige Märchen finden sich in abgeänderter oder ähnlicher Form zu den mündlichen Überlieferungen in nachfolgend aufgeführten Büchern:

BAADER, B. (HRSG.): Volkssagen aus dem Lande Baden und den angrenzenden Gegenden, Karlsruhe, 1851.

FRANKE, ELSE (HRSG.): Sagen und Märchen von der Frau Holle, Berlin, 1923.

FRÜH, SIGRID: Rauhnächte Märchen, Brauchtum, Aberglaube, Waiblingen, 1998.

GÖBELS, HUBERT (HRSG.); PRESTEL, IRMGARD: Rauhnacht raunt – Erster Band, Bochum, 1935.

HERRLEIN, ADALBERT VON: Die Sagen des Spessarts, Aschaffenburg, 1851.

KAPFHAMMER, GÜNTHER (HRSG.): Bayerische Sagen, Augsburg, 1998.

LAISTNER, LUDWIG (HRSG.): Nebelsagen, Stuttgart, 1879.

LOHMEIER, GEORG: Gspenstergschichtn, ohne Ortsangabe, 1976.

MUDRAK, EDMUND (HRSG.): Das grosse Buch der Volkssagen, Reutlingen, ohne Angabe des Herausgabejahres.

QUENSEL, PAUL (HRSG.): Thüringer Sagen, Jena, 1925.

SCHÖPPNER, ALEXANDER(HRSG.): Bayerische Sagen – Dritter Band, Augsburg, 1990.

ZINGERLO, IGNAZ VINCENC (HRSG.): Sagen aus Tirol, Insbruck, 1891.

Wunderbare Anregungen, vor allem zur Ritualgestaltung und zum Brauch des Räucherns finden sich in nachfolgenden Büchern:

COURTENAY, ELFIE: Rauhnächte – Die geheimnisvolle Zeit zwischen den Jahren, München, 2013.

KIRSCHGRUBER, VALENTIN: Das Wunder der Rauhnächte – Märchen, Bräuche und Rituale für die innere Einkehr, München, 2013.

Sonstige hilfreiche Literaturquellen

AU VON, FRANZISKA: Bauernregeln und Naturweisheiten Tag für Tag, München, 1997.

BÄCHTOLD-STÄUBLI, HANS; HOFFMANN-KRAYER, EDUARD (HRSG.): Handwörterbuch des deutschen Aberglaubens. Bände 1–10. Nachdruck der Ausgabe de Gruyter, Berlin/Leipzig 1936/1937 (Originalausgabe). De Gruyter, Berlin/New York 1986/1987.

BINDER, EGON M.: Alte Bräuche – frohe Feste zwischen Donau, Inn und dem Bayerwald, Passau, 1994.

BÖCK, EMMI (HRSG.): Sagen aus Niederbayern, Regensburg, 1977.

CLOOS, WALTHER: Das Jahr der Erde, Stuttgart, 1986.

COTTERELL, ARTHUR: Die Enzyklopädie der Mythologie, Reichelsheim, 1999.

COURTENAY, ELFIE: Rauhnächte – Die geheimnisvolle Zeit zwischen den Jahren, München, 2013.

DE LAS HERAS, BRIGITTE: Die Reise durch den Jahreskreis, Darmstadt, 2005.

FENZL, PAUL: Sagen aus Bayern – Von Hexen, Heiligen und Halunken, München, 2014.

GRIEBERT-SCHRÖDER, VERA; MURI, FRANZISKA: Vom Zauber der Rauhnächte – Weissagungen, Bräuche und Rituale für die Zeit zwischen den Jahren, München, 2012.

GRIMM, JACOB: Deutsche Mythologie, Göttingen, 1835.

HAGER, FRANZISKA; HEYN, HANS: Drudenhax und Allelujawasser. Volksbrauch im Jahreslauf, Rosenheim, 1979.

HAUKE, CLAUDIA (HRSG.); WALDVEREINSSEKTION VIECHTACH E.V.: Rauhnacht im Bayerischen Wald, Viechtach, 1979.

HOFBAUER, JOSEF: Vom Leben und Brauchtum. Ohne Ortsangabe, 1985.

KERSCHER, OTTO: Brauchtum und Leb'n in der alten Bauernstub'n, Grafenau, 1981.

KERSCHER, OTTO: Von alten Bräuchen unserer Heimat, Straubing, 2000.

KLEIST, HERBERT: Volksglaube und Volksbrauch während der Zwölften im ostdeutschen Landschaftsraum, Greifswald, 1938.

KIRSCHGURBER, VALENTIN: Von Sonnwend bis Rauhnacht – Feste, Bräuche und Rituale im Kreislauf des Jahres, München, 2015.

KIRSCHGRUBER, VALENTIN: Von Sonnwend bis Rauhnacht – Feste, Bräuche und Rituale im Kreislauf des Jahres, München, 2015.

KUCHLER, FRANZ: Rauhnacht im Winterbrauchtum, Tittling/Passau, 1990.

KNAUERS LEXIKON DER MYTHOLOGIE, München, 1998.

LETTL, JOSEF: Nach altem Brauch. Hoagarteng'schichten von Sebastiani bis Silvester, Regensburg, 1981.

MAIER, BERNHARD: Lexikon der keltischen Religion und Kultur, Stuttgart, 1994.

MAYER, PETER; GEHMACHER, SIGI: Brauchtum übers Jahr im alten Bayern, München, 2010.

MAYERHOFER, KARL: Ahnenerbe – Von Sitten und Brauch in Altbayern, München, 1927.

MEIER, ERNST; BAUSINGER, HERMANN (HRSG.): Deutsche Sagen, Sitten und Gebräuche aus Schwaben, ohne Ortangabe, 1983

PERSCHTEN-STIFTUNG (HRSG.): Bayerische Rauhnacht – Sagen, Mythen und Legenden, Kirchseeon, 2008.

PROBST, JOSEF: Rauhnächte im Bayerischen Wald – Mythen, Orakel, Sagen und Brauchtum, Grafenau, 2016.

ROTH, MATHILDE: Durchs ganze Jahr. Ohne Ort, ohne Jahresangabe.

RULAND, JEANNE: Das Geheimnis der Rauhnächte – Ein Wegweiser durch die zwölf heiligen Nächte, Darmstadt, 2009.
SCHMIDT, LEOPOLD: Brauch ohne Glaube, München, 1977.
SIMEK, RUDOLF: Religion und Mythologie der Germanen, Stuttgart, 2003.
WALTINGER, MICHAEL (HRSG.): Niederbayerische Sagen, Regenstauf, 2017.
WEIDNER, CHRISTOPHER: Rauhnächte – Die zwölf heiligen Nächte – Rituale – Brauchtum – Weissagungen, Rottenburg, 2012.

Haftungsausschluss

DIE AUTORIN

Geboren und aufgewachsen in einem kleinen Dorf in Niederbayern kam Nadine Stegelmeier schon früh mit der Natur und ländlichem Brauchtum in Berührung.

Bereits im Kindesalter wuchs das Interesse für alte Überlieferungen, historische Gegenstände, Traditionen und Geschichte allgemein.

In einem Studium der Geschichts- und Literaturwissenschaften an der Universität Erfurt konnte die Faszination für diese Themenbereiche mit Fachwissen kombiniert werden.

Privat beschäftigt sich die Autorin unter anderem mit dem Sammeln althergebrachter Sagen und Märchen sowie dem Erhalt alter Handarbeitstechniken.